美感日常

練習和孩子一起在生活中找美、賞美、玩美、品味美

江清淵◎著

新手父母

目錄
contents

ONE 美的觀念連結美的教養

美學像大樹，觀念是藝術種苗，
只要基礎夠深厚，未來便能一片蒼鬱。

TWO 平凡日常的美麗境界

喚醒親子的審美力，
用心才能感受平凡日子中的不平凡。

THREE 看勝利女神的翅膀

協助孩子尋找自信與勇氣，
讓他體會家人放閃的超強凝聚力！

FOUR 踏上旅程的探索行動

用心觀察，付諸行動，放膽旅行！
天地萬物，能帶來無限的新奇與樂趣。

FIVE 好宅的居家美學觀

宅男宅女搞不好是愛家表現，
家人相處偶爾也需要美學來滋潤。

推薦序一

藝術的柔化讓叛逆找到光

成定瑜（鯨魚畫室負責人、典賞藝術中心負責人）

國三那年，我來到手足情畫室，與江老師首次見面。他跟我既定的藝術家形象有點不同，不是走長髮長鬍子的頹廢風，而是在嚴肅中帶點高傲的瀟灑氣質。永遠記得當時江老師用相當堅定的眼神看著我，對我說「同學，藝術是一條不歸路，你確定要走這一條路嗎？」這句話讓我顫抖了一下，馬上啟動大腦的緊急思考備戰模式。「對！我要走這條路！」我是這樣回答的。就這樣，開始我的藝術人生。

從小我就喜愛塗鴉，但僅僅為日常抒發，隨意手繪幾筆，來畫室上課之前，可以說是從未接受過正統的繪畫訓練。江老師與他的太太林老師就是我的啟蒙老師，也是將紮實素描功力傳授於我的師長。在習畫的日子裡，他們兩位老師總是給我最充分的指導、鼓勵與關心。在這裡，我不僅僅是學到很多的藝術的觀念與作畫的技巧，也慢慢地清楚自己未來的志向，並更確立自己的人生規劃。我想，這一切都是人生中最重要的寶藏。

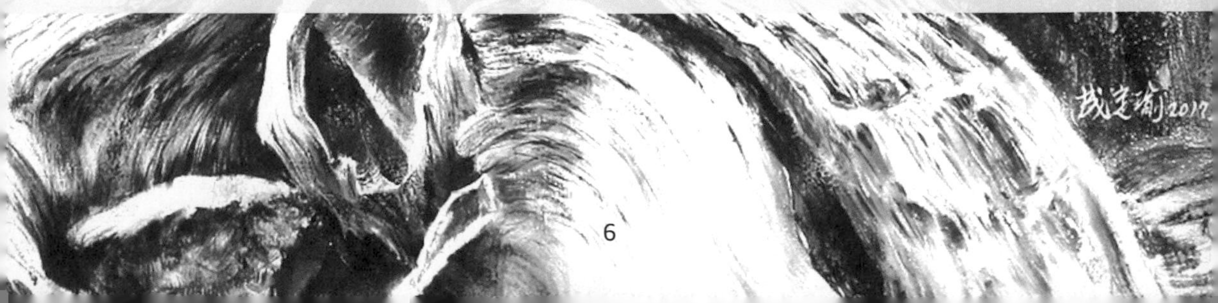

我在人生最叛逆的時刻，來到了手足情畫室。江老師夫婦用耐心與用心感化了渾身是刺的我，並帶領我進入了藝術圈。最重要的是，他們透過鼓勵讓我重新建立了自我的信心。江老師對我們的期許，不只是在藝術的領域中發光發熱，也希望我們這些子弟兵，將來能自己開畫室，將藝術的種子傳承下去，這句話聽在我的耳裡，也放在我的心裡，更成為我未來的目標。

因為藝術，我遇到了我生命中最重要的一位女人。他與我讀同一所大學，同樣是美術系的學生。我們相愛相戀，並與我一起攜手築夢。結成連理後，我們從名字裡各取一個字的諧音，成立了「鯨魚畫室」，開始投入美術教育工作。效仿江老師與林老師夫婦的教育精神，傳承藝術。

畫室歷經辛勤耕耘，經營日趨穩定，我重拾畫筆努力創作，也獲得業界許多肯定，繼續朝著藝術這條的不歸路邁進，我想，我走對了這條路。這本書的出版正如江老師始終的堅持，即使他現在被稱為大師，仍然認為藝術必須融入生活，在生活中看見美的存在，就活出藝術人生了。

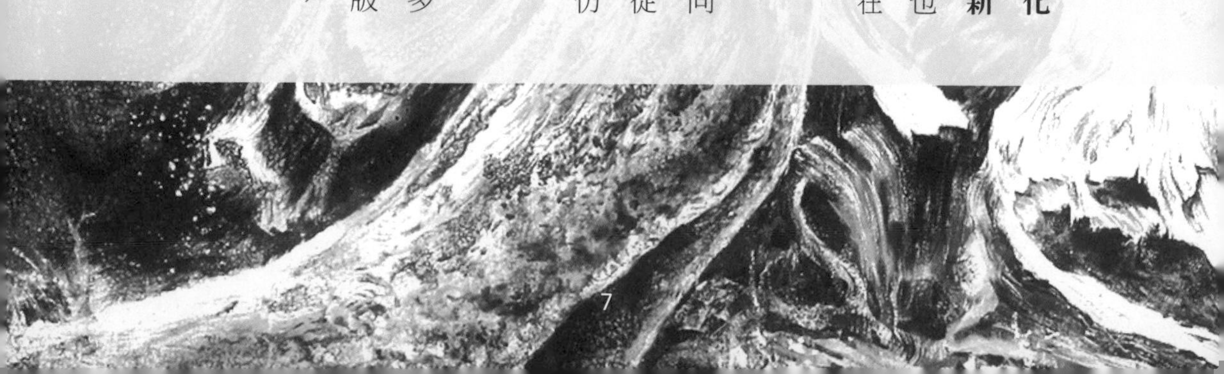

美學的態度就是生活的態度

江澐濬（雅雯藝術種子基金會藝術總監、江尚儒美術館館長）

江清淵是我的叔叔。我大概算是叔叔的第一個小孩。從小父母離異，我在親戚間流轉，童年裡的記憶是在叔叔的畫室裡度過的。叔叔當時才二十幾出頭，嬸嬸還是他的女朋友。即使後來結婚了，叔叔還是經常帶我出遊。有次，去埔心牧場玩，我不小心失足落水，全身都溼淋淋的。身旁的一位陌生阿姨對著嬸嬸說「帶孩子出門，怎麼沒記得帶替換的衣物」。當時，還沒當媽媽的嬸嬸，因為我的關係，已經開始承擔母親的責任了。

謹慎細心的嬸嬸與樂觀睿智的叔叔相輔相成，時常將現實雜亂與藝術美感巧妙連結，處處體現美的神奇。**在藝術上對美的執著與追尋，反映了人對現實世界的理解邏輯。無形中便能自然運用美學涵養，開啟美的雙眼，探索周遭美的事物，並將他們對美的體悟，傳承給三個孩子和畫室學生。**

這大概是生活在今日，這個物質層面極為充裕、享受，卻苦無方式彌補精神或心靈層面，留著許多空白或缺憾的每一個人，都應該學習的態度。

我常感到疑惑。人的生活好像一直在食衣住行育樂中，交雜著解不開的俗世鎖鏈和人際糾葛，剩下的只有疲累與煩惱而呈現空虛的狀態。其實，生活不需要如此繁雜不堪，生命不見得只剩下喧囂。同樣處於繁忙交錯的現代生活，叔嬸在辛勞之餘，卻能用平靜欣賞的角度與熱情真誠的態度來面對。清澈的雙眼看著混濁的紅塵起伏，記錄著被人遺忘的美好、關注沒人關心的弱勢、發掘不被看見的美感。他們真真實實地享受著當下。

嬸嬸雖然過世了，但她留下的「雅雯藝術種子基金會」把她對生命的美感體會傳承下去。這本書則是叔叔講述他拉拔三個孩子成長，融合美學教育的故事。讀完之後，就能明白美學態度就在好好生活。點點滴滴都是人們對生命的一種選擇。願此書能夠將美感的領悟，傳遞給每個有心向美的父母，進而美化親子間的關係。

推薦序三

繞路遇見最美的風景

吳孟玲（華得聯合法律事務所負責人、學生家長）

民國七十五年的我，每天都會經過巷子裡的風野畫室，裡面常擠滿了穿制服的學生在畫畫。但始終覺得這與我似乎沒有什麼關聯，尤其後來搬離永和。怎知道三十年之後，有那麼一天我會進入這個教室，與江老師有了連結。

我的大女兒從小對繪畫有興趣，也有不少人讚許她的才華。但因為大人覺得「興趣不能當飯吃」，就沒有往科班送，甚至一直刻意忽略女兒內心的聲音。她在讀國二時，勇敢說出想法「我不考高中，想要念美工科」，全家都持反對意見。我想當孩子的啦啦隊，但又有傳統價值觀的包袱，實在拉扯。

一個偶然的機會，我回到永和、經過風野畫室。當時，只是替女兒找資訊，就在門口遇見了一位白髮蒼蒼、留著鬍子的性格男人。相談之下，才知道原來他就是畫室創辦人江清淵老師。數十分鐘的交談，他告訴我什麼是美學，什麼是美術教育，也告訴我學藝術的孩子創造力的無限可能。要我暫時放下原有價值觀，因為學藝術對孩子的未來職涯絕對加分。

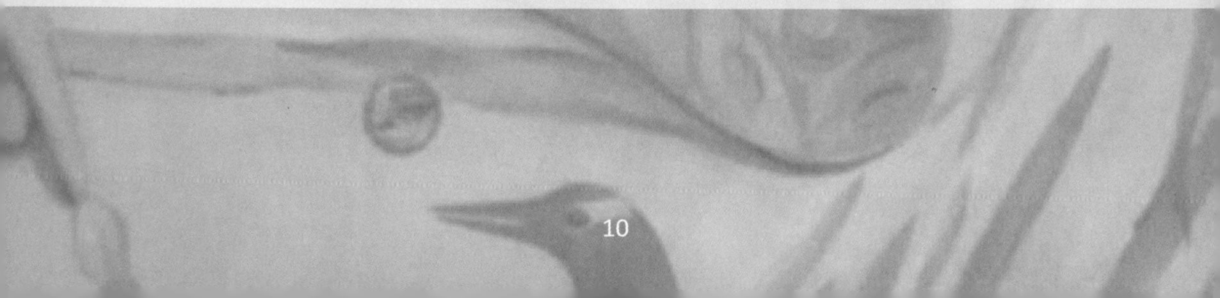

因為江老師的一席話，我似乎在渺茫中看見希望的燈火。先是說服了自己，回家後還積極與先生溝通。於是，孩子如願進入第一志願復興美工，也開始了在風野畫室的生活。原本，我以為畫室只是讓提供孩子學畫的場所，也以為畫室裡的老師只是在教導孩子繪畫的技巧而已。但透過孩子的分享發現，老師還會規範他們生活常規，關心他們的生活作息，在意他們說話的方式。我與老師溝通時，更知道江老師對孩子的觀察非常精準，對孩子的規劃更是全面性的。**這位江老師不只是畫畫老師，更是孩子的人生導師。在這裡不只是學技巧，而是學一種態度，對生活的態度，對美的態度**。

有人讚賞我對孩子的開明，但我認為是孩子用生命撞開大人封閉的思想和觀點。與其為孩子下指導棋，強勢安排他的人生，不如允許孩子繞路，每條路都有獨特的風光和收穫，這將成為孩子人生精采的一頁。

技巧或許會與時更替，但對的態度可以幫助孩子走得久遠。感謝江老師給了孩子一生可以帶著走的才能與美學態度。透過這本書，我相信有更多的父母，能了解我所說的每一個感激。

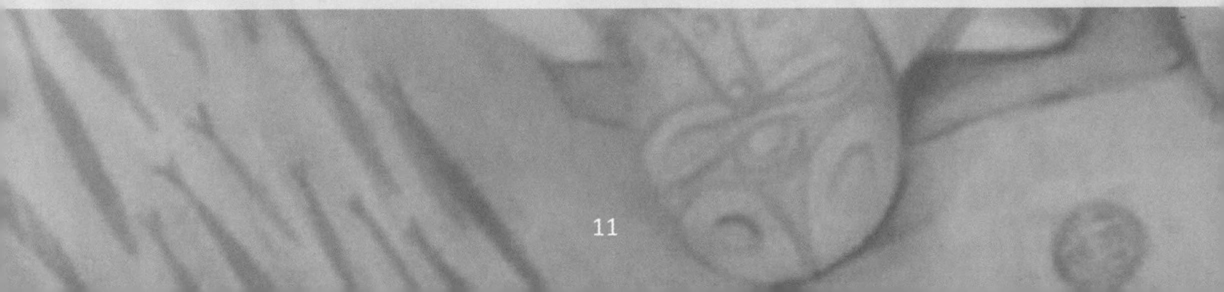

美學開了一扇魔法的門

俞美蓮（日式威廉髮藝集團造型藝術總監、教育技術師資總負責人）

進入美髮業的那一天起，我便立志成為髮型設計師，至今已超過三十四個年頭。在學習的過程中，我傻傻地做、認真地學，這股傻勁也讓我傻出了滿滿的大平臺，傻出了一片的機會。髮型教學也讓我走入藝術造型的世界，進而感受沉浸在藝術之中的幸福感。身為造型藝術總監的二十八年，年年帶領髮型設計師團隊到日本 Tony、Guy 學府與澳洲等國觀摩，學然後知不足。

來到風野藝術畫室，為的是提升自己美學的素養和紓解工作上的壓力。風野藝術是一個無壓力的學習空間，讓我走入一個藝術的魔法之門，成為一個可以揮灑自己腦子裡最夢幻、最浪漫的情感天地。每每來到畫室上課，我的心情雖然興奮卻顯得平靜，因而可以盡情享受繪畫時的美妙時光。**江老師對美學的修持，從他與他的孩子、他的學生的相處互動中，就可以看見。我看到的是，藝術的美學原來就來自於生活的態度與觀念。**

記得第一次走進畫室，映入眼簾的就是江老師的畫作，藍綠灰階的色調中，讓人感受到裡頭充滿了故事、充滿了生命、愛與自由，原來藝術離我並沒有那麼遠。在和三個開朗、活潑、聰明又善解人意的小老師（他的兩個女兒和兒子）接觸後，便更加確定，我是真的選對地方了。

學畫的時候，欣賞他與孩子間的互動，開放中不失堅定的原則，就像江老師給我的作畫方向，他總是耳提面命地說「大方向要對，小細節可以慢慢經營」，他想傳遞給學生的很簡單，希望我們在畫畫時，不要一味追求「像」，而是要了解整個作品的結構、個性、內涵等。畫出自己的風格，比像不像，來得更重要。

這就像他對孩子的教育一般，三個孩子各自有自己的想法與個性，但愛家的中心思想皆然。我身為兩個孩子的媽媽，更加能感同身受。江老師真的是個非常值得學習的人，不僅是他對於藝術的專業與用心，還有對於生活美感的氛圍營造，都有助於美的教養練習。

推薦序五

挾美學以令瘋狂

許雲翔（風野藝術協會理事長、中華平面設計協會理事）

國中時的我，因為同學進步神速，跟著同學到畫室參觀。從此，就與「風野藝術」結下了不解之緣。依稀記得參觀當天，老師就要我跟著同學一起隨意的畫畫看，下課前還提醒我隔天要記得來上課。我支支吾吾，不知道怎麼開口告訴老師「我家沒錢繳學費」。

沒想到，老師透過各種管道找到我父親，然後我順利到畫室上課了。很久之後才曉得，原來老師只酌收極為低廉的學費。直到高中念了「復興商工」，為了五花八門的作業與大大小小的校內外競賽，放學後，幾乎都是在畫室度過，例假日也不例外。畫室幾乎成了我第二個家。

這段期間，我開了人生中第一場個展，展覽主題為「色盲畫者」。我真的是色盲。那時引起參觀民眾好奇心，紛紛跑來詢問「色盲要怎麼畫圖」。其實，是因為畫室老師的耐心與用心，讓我逐漸接受了自己的缺陷，不再為此感到自卑，提起畫筆，自然而然就畫下去了。在畫室學的不只是怎麼畫畫，還學會了：認識自己、面對自己、接受自己。

高中畢業後，因為工作關係，我學了景觀雕塑的設計與製作，退伍後，回到校園學了視覺設計、廣播電視、電影等，這都是因為在「風野藝術」的教育方向下，我學會了挑戰自我、超越自我，才能成就這些專業，即便跳脫了本科系，依然能順利過關斬將。

在「風野藝術」學到的是十八般武藝，江老師給予的不只是術科的指導，還有人生方向的引導，這是我在各領域的藝術工作都能一通百通的最主要原因。**這本書寫的是老師面對生活的態度，更是享受生活的方法**。**享受的前提並不是多完美多誘人的外在環境，而是最純淨最適合當下的心境**。美的事物數都數不完，有心的人才能看得見，才懂得去體會。

孩子說－

美學生活，永遠不嫌晚

江林澐（作者大女兒。畢業於臺北市立大學視覺藝術研究所）

小孩是父母的綜合版，這是絕對的。說實在，我的記憶力普普通通，三、五年前的事有些模糊，生活的瑣碎都不太記得，很多做過的事或去過的地方，如果沒有留下照片，我還真的是忘了大半。但我知道種種經歷，養成了現在的我。我和父母或許沒有全然相同，但言行舉止大多似曾相識。

記得國小開學第一天，媽媽牽著我上學，告訴我今天以後要自己走路上學。那時覺得怎麼別人爸媽都天天陪，還幫忙拿書包，而我就要自己獨立，真是不公平，甚至懷疑自己不是他們親生的。不光這件事，我爸媽還有很多「奇怪規定」，像是大路不走要繞小路、看完電影要發表意見等，小時覺得莫名，長大才驚覺影響很大，這讓我養成美學式思考、獨立做事的性格，對於我參加社團活動或與人交際有很多幫助。更讓我提前認知「人生很多的時候都得自己單獨面對」，但也知道，不管在外面怎麼樣，發生什麼事，只要回到家，就會有人願意聆聽，就算是不如意之事，說出來也輕鬆許多。

資訊產品的普及，讓很多人在閒暇之餘，就躲在螢幕後面，在與社會保持距離的同時，似乎又與大眾脫不了連結。**美學生活則恰好相反**。**簡單點說**，**就是充實自己**，**充實生活**，**充實家人與朋友的眼界與思維**，**而不是躲在網路裡**，**忽略現實的風景**。走出去，會發現不曾注意的奧妙真理，然後能看見自己有多大的可能性，並懂得欣賞完美與試著接受那些不完美。好比媽媽驟世，我深感遺憾和不捨，陷在不快情緒裡將近一年，但總會理出頭緒來。尤其想到自己出生在溫暖家庭，有愛我的家人，可以一起面對一起解決一起走過時。

大概很難遇到我爸這種人：對學生比對自己孩子還好的人（幾乎每週都有學生找他談心）、對於教育有那麼多熱情（像朋友又像家長般關心學生、不吝指導）、對美學生活這麼落實（無論走到哪，看到好風景想紀錄，用文字或畫筆或相機）。關於「美」這件事，他是如此熱衷與堅持，這就是我那無可救藥的老爸。

這本書寫的是我家大小事，他居然要拿出來和別人分享，還要我寫序，我起先真的不願意。後來想想，**我們這些由他教養的孩子**，**雖然不到頂尖優秀**，**至少也勇於做自己**，**堅持走在喜歡的路途上**。各位讀者看了這本書，確實可以得到一些練習美學生活的方法，但不見得照單全收，從中找到適合自己家庭的模式，便能朝著美好生活邁進。

孩子說二

陪我哭陪我笑的生活美學

江澐溱（作者二女兒。就讀於臺北市立大學視覺藝術研究所）

我的父母永遠是同進同出，不是在家裡，就是在工作室。從小就看著他們怎麼待人處世、指導學生。忙碌之餘，我們家庭生活也很精彩，一起出遊機會很多，每月都有可以慶祝的節日，可以說是充滿溫馨與歡樂。還記得國中小上課，講到臺灣地理歷史，老師總愛問「誰有去過」，每次我總是班上有舉手的那個。

我是個問題小孩，對很多事都充滿疑問，好比選高中還選高職的猶豫、高二選組與大學科系的徬徨等，似乎不論什麼決定，我老是遲疑不決，深怕選擇錯誤而後悔，於是和爸媽討論成為一種習慣，他們會協助我分析事情的好壞，但把決定權留給我，讓我學會承擔後果，並接受它發生的意義。

因為媽媽的溫柔，讓我一度有著「成為一個家庭主婦」的夢想。即使媽媽告訴我，這個角色最難做好，我還是覺得自己應該可以勝任，只要我願意努力，那時戀愛ING的我，超級期待能成為初戀男友的另一半。記得有次和男友大吵，哭的很悲傷，是媽媽牽著我的手，分享了她的想法與經歷。雖然，最後無緣與男友繼續往未來走下去，但那場戀愛讓我成長了很多。最重要的是，母親陪我一起走過這段青澀的愛戀。

爸爸和我們這三個孩子的相處，雖然很多時候像是朋友，但仍存有父親的威嚴。當我們遭遇困難，他總會先給我們一個大大的擁抱，這個擁抱傳達很多說不出口的愛與安慰。爸爸工作很忙，但他會在我們每一個孩子畢業時，獨自帶我們去畢業旅行。帶我們吃美食，也講地方故事與民情，更讓我們看見人生態度。

我的表現始終不怎麼突出。還好爸爸會在我沒自信時不斷地鼓勵我，讓我覺得自己好像沒有那麼的糟。在我覺得自己選擇錯誤時教我看待事情的角度，而我也漸漸發現每件事都有存在的意義，每件事都有美與憂愁。

其實，我知道自己和爸爸媽媽有很多地方很像，雖然表現的方式不太一樣，但我潛意識裡仍希望，自己能擁有母親的優雅、美麗與堅韌，還有爸爸的堅強、樂天與勇敢。**生在這個家庭，我的生活裡美學相伴，美學素養陪我哭、陪我笑，陪著我們一起活著，讓我們活在充滿愛與美的環境裡，這是一件很美好的事。**

孩子說三

孤獨的美感訓練讓我堅強勇敢

江澐澂（作者小兒子。就讀於師範大學美術系）

我是一個早產兒。在媽媽肚子裡時，因臍帶繞頸緊急剖腹，出生體重還不到二千克，在保溫箱住了足足一個月。爸爸總說：「你是讓媽媽流過最多淚的男人。」**我從小就生活在藝術裡，不論是什麼事情，都脫離不了美學。父親認為一個人如果不懂「美」，就很難提升個人內涵或生活品質，更無法品味周圍環境裡的一切。**藝術聽起來似乎虛幻，但我回頭認真想，它已無聲無息落實在我的生活中。美其實是我們家的教養方式，透過藝術發聲，像呼吸一樣自然不過。教導我如何去看待周遭事物，如何體驗生活中的美好，如何獨自享受孤獨的愜意。

我父親對我的要求相當另類而嚴格。在我幼稚園時就要練習一個人睡覺，父親告訴我「是時候該長大了」。起初我膽怯無比，怕鬼又怕黑的我，一到上床時間就嚎啕大哭，但哭不掉父親的堅持，他要我學著獨立，而不是只想依靠他人。媽媽心疼我，知道我怕黑，不只陪我讀童書，還買了個小夜燈給我，好讓我在黑夜裡找到光亮，不再那麼害怕黑暗。

大概因為我是男孩子，爸爸對我的嚴格多過兩個姐姐。我與父親間的對話不多，但我知道父親始終支持我做自己想做的事，他認為生活就是要多嘗試磨練，並告訴我「自己的人生要自己負責，必要時，不要忘了還有爸爸可以商量」。於是，我做了所有想做的事，我玩音樂、打籃球、網球、羽球、繪畫塗鴉、設計壁報、迷遊戲打怪等。還和兩個姐姐組成「Triplex」，一起唱歌表演。

在所有繪畫中，我最喜歡寫生，把當下的所見所聞畫下來，紀錄了生活中的感受。寫生很自由很瀟灑，恣意揮灑畫筆，跟我所追求的自由很像。父親常利用假日陪我一同旅行寫生，這拉近了我跟父親的感情。媽媽過世後，家庭少了母親的角色，但父親卻努力扮演那個撫慰與溫暖的角色，他試圖彌補少了媽媽的缺陷。我開始知道爸爸有和藹的一面，沒有想像中的嚴肅可怕。我們父子倆的環島旅行，他傳達了不少人生觀點，希望我能好好待人處世，內方外圓，保持初衷。

對我來說，我的爸爸是世界上最好的父親，對於能和他一起分享生活，一起旅行，一起寫生畫圖，是我這輩子莫大的榮幸。他把美與藝術變成生活中的一部分，讓我與姐姐更能親近與接受，這本書是他在美感教養層面的分享與心得，將帶領每個讀者進入美麗境界。

作者序

有美學的意識，生活才有意思

美學就像浩瀚星空裡的一顆星星，以美麗優雅的姿態在夜空中放出熠熠光彩，人的一生也要像星星般，在運行軌道持續轉動。人的頭上都有一片天，都有其位置與空間，可以像星星一樣，美好自在地閃耀著。

我從事美術教育工作超過三十年，培育過超過兩千位的學生，不敢自詡作育英才無數，但對美學教育稍有小小體認。只要用心生活，每一個當下都是美麗時刻，時時反思真實生存，再從個人經驗出發，就能融入美學概念，體會美的蘊含，並開拓視覺感知的能力。美學教養愈早愈好。讓孩子自然而然接受美學薰陶，從食、衣、住、行、育、樂中建構一套美學涵養，是為人父母者給予孩子的永恆財富。陪伴孩子豐富一生，咀嚼生活的滋味，享受因為美而得到的幸福。

出版社總編輯林小鈴因為兒子與我學畫而結緣，十年來一直鼓勵我分享有關美學的教育，但咸感才疏學淺，遲遲沒有動筆。二〇一四年初，我深愛的太太、孩子的媽媽因病驟世。這是我平生遭逢最大打擊，甚至一度影響身體狀況，更懼怕自己健康不再，無法陪三個孩子成長。旁人的陪伴與鼓勵讓我決心透過文字的柔軟，把甜美的回憶記錄下來，並開始珍惜當下，幫助自己療癒身心，陪著孩子走過喪母之痛。這本書記錄點點滴滴的生活美學，也是一首充滿情感的圓舞曲。

伏爾泰曾說，「我做的事情是多麼的微不足道，可是我去做的本身，就是無比重要」。我寫了這本書，與有心在美學教育下功夫的父母交流，盼望能將美學的種子散播在每一個家庭，然後開出幸福的花朵。不管是什麼階層什麼職業什麼身分，只有真正幸福的人，才懂得享受當下的美好。有美學意識，生活才有意思。美學是活在當下氛圍的感受，肯用美的角度去思索，用感官去察覺，平淡的生活也能充滿驚喜與好奇。

在這價值紛亂的時代裡，藝術這帖心靈雞湯，可以慰藉為生存苦悶忙碌而頓感疲乏之者的身心，透過美學價值來淨化紅塵心靈，找回人之所以為人的價值，重拾人生的希望與美好。

PART ONE

美的觀念

連結美的教養

美學就像一棵大樹，根幹穩紮才能枝葉繁茂。觀念是藝術的種苗，只要基礎深厚，未來便能一片蒼鬱。

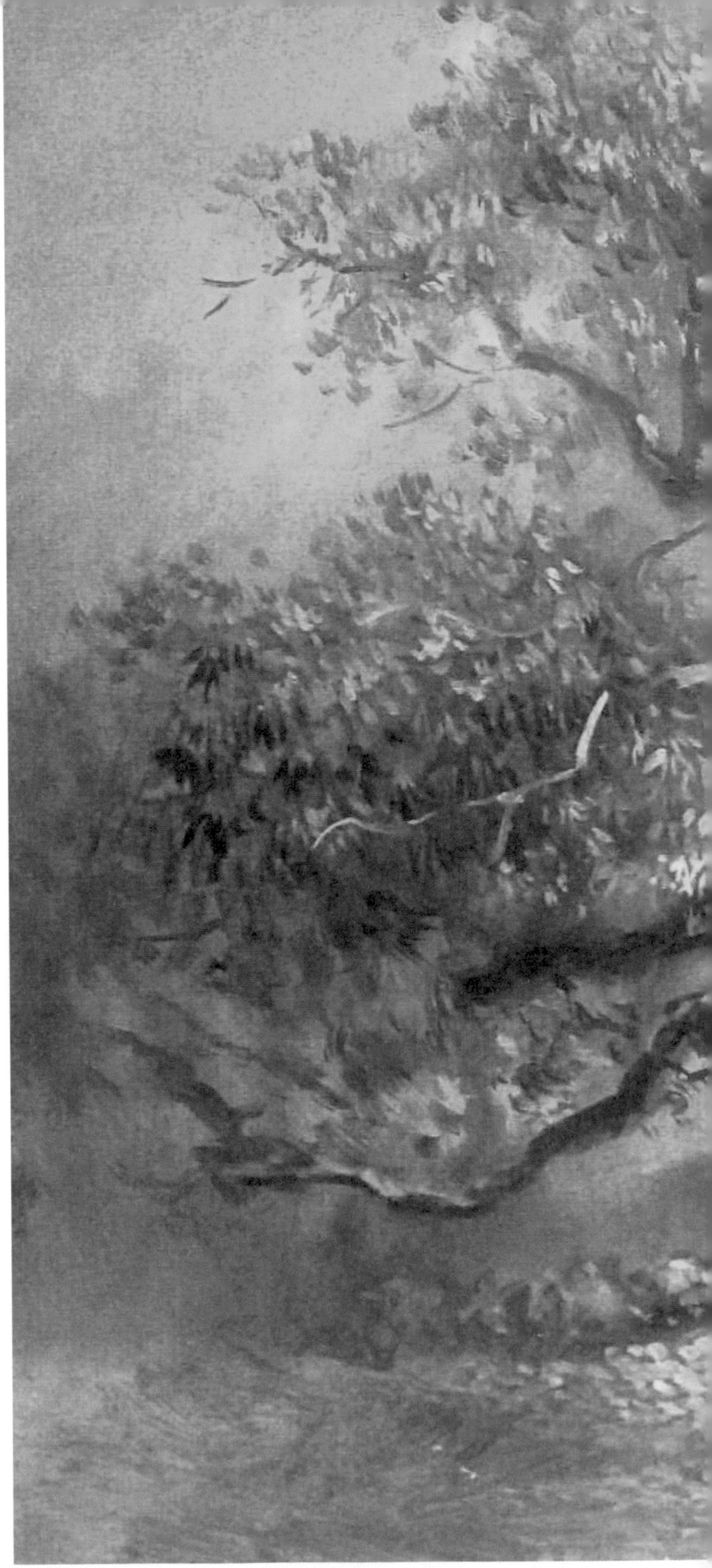

1

能畫畫就是一種幸福

一個人能拿起筆，
想畫什麼就畫什麼，
就是一種難得的幸福感。
忘掉旁人的眼光吧！
自己就是自己世界的畫家。

美的意識形成觀念。美的觀念滋養了美的心態，進而養成美好的態度和習慣，習慣則影響了個性的形成，與待人處世的模式。蔣勳就說，「美應該是一種生命的從容，美應該是生命中的一種悠閒，美應該是生命的一種豁達。如果處在焦慮、不安全的狀況，美大概很難存在」。

從容、悠閒、豁達，值得用一生去追求。不要以為這理想的生命態度遙不可及，孩子漫漫的成長過程中，有如海綿吸收一般，給他什麼養分，就會結出什麼樣的果實。人的第一個模仿對象就是父母，孩子無形中學習爸媽的舉止與言談，便能內化成為個性養分。我以為美學是一種觀念素養，而畫畫是一種幸福樂趣，大人宜從觀念著手，小孩則自畫畫或塗鴉開始吧。

人類訊息的接收與形成，取決於85%的視覺、10%的聽覺，剩餘5%則以觸覺為主。生活中舉目所見，處處充滿美的訊息，端看有無睜大眼睛去發掘。畫畫並不是意味著要成為畫家，不論孩子將來是否要走入藝術家的行列，早點接觸美學，有益無害。「圖畫」是無字的詩。喜歡詩、吟詠詩者並不一定要是詩人，詩的靈韻可以讓人品味作者的生活，而畫作藝術之美則可以提升文化品味的層次。

一九八一年，我成立雙和地區第一家專業繪畫工作室。起初，是以招收附近高中職美工科的學生為主。在大女兒沐沐五歲、小女兒小米三歲時，為了教自己的孩子畫畫，我的太太特地到文化大學兒童美術班進修。

結業後，太太開始教兩個女兒畫畫。沒想到，原本師生加起來才三個人的兒童畫畫班，後來因為朋友和鄰居的孩子，都一起加入了學習行列，授課的人數愈來愈多，太太就順勢成立了「小腳丫兒童美術工作室」。太太的教學有口皆碑，耐心引導、親切陪伴的方式，深受學生與家長的喜歡和認同。

我的孩子從小就愛畫畫，走到哪畫到哪。雖然我與太太都是專業老師，卻從不給壓力，只是陪伴。

二女兒小米中班時的作品。
不要急著在孩子想像的離奇世界畫圈叉，
耐心用心地聽聽孩子的畫中故事吧！

我與太太是以教自己孩子的心情，來設計課程的。擔心削弱孩子的興趣，所以直到小兒子仔仔小學畢業前，教學內容幾乎沒有重複過，從無尾熊、滑板車，到畢卡索、梵谷的向日葵、米羅的天空等，絞盡腦汁就是要引發學習動力。

此外，緊密結合時事與生活，像為了教孩子潔牙讓他們以「刷刷樂」為題做畫，或香蕉滯銷時創作「多吃香蕉」的宣導海報，或要學生想像自己一百歲的模樣，邊作畫邊灌輸孝順長者的觀念。總而言之，就是要避免使用商人開發的懶人包教學，深怕弄了一堆五花八門的美勞作品，傷了荷包卻遺忘那份單純的美好。

集體創作也是課程之一。
透過畫筆讓孩子進行想像交流，可以碰撞出不一樣的火花。

畫畫不是畫家的專利。從遠古的洞窟藝術中窺見，自有人類以來，人茹苦含辛為生存而奮鬥，面對未可知的明天，憑藉豐富的想像力，祈求豐收、敬畏天地、禱告安康等，繪畫即是當時生活的真實記載。所以，畫不僅是歷史文化，是虔誠信仰，是寄託內心、記錄生命的媒介，更是想像奔馳的組合。

一個人拿起筆來，想畫什麼就畫什麼，就是一種幸福。小時候畫的圖，長大後觀看，常會樂得開懷，卻也懷念孩時的天真與純潔。以孩子的雙眼，對比複雜的成人眼界，有時著實令人汗顏。人若常保赤子之心，當能知曉無限想像的創造價值，享受塗鴉樂趣。

童年很短暫，影響卻是一輩子。人生很漫長，少了藝術的陪伴，大概會變得很無聊。在艱苦的生活中，多了美感淨化心靈，就能苦中作樂，轉化心境，邁向幸福。法國畫家馬諦斯說，「畫家追求繪畫所表現出來的形象，就是他自己內心世界的體現」。所以啊，能畫畫是幸運的，不管幾歲的人。忘掉旁人的眼光，自己就是自己世界的畫家，趕緊拿起筆來吧！

美感教養練5功(1-1)

保羅克利說，「與其教他學習技巧，不如教他想像力」。放手讓孩子揮灑吧。陪孩子畫畫，聽他講圖畫裡的故事，親子都會豐收滿滿。

1▸準備畫本

買一本大小適合又漂亮的圖畫本。只要運用幾枝鉛筆（或色鉛筆、蠟筆、彩色筆等），隨時隨地都可以塗鴉。啟動親子間的夢幻旅程，從第一張紙開始。

2▸任意主題

畫什麼主題都行。但不是放牛吃草，最好輪流訂立，一次大人想，一次孩子決定，透過互動與交流找到寬闊的草原，共創屬於你們的故事。

整個城市都是孩子的畫室，仔仔坐在引擎蓋上就畫起來了！

3▸發揮創意

畫看到的，畫想畫的，畫想像的。鼓勵孩子想像，眼前所見的可以，天馬行空的可以，不合理的也沒關係。要創造精神世界而非複製現實世界，大膽下筆就對了。

4▸挖掘優點

繪畫是訓練手腦協調，更是想像力與實踐力的結合。這並非是非題的智力測驗，沒有對錯之分，父母要試著從過程中，發掘孩子的優點，並具體的稱讚。

5▸保存畫作

把每本畫、每張圖都保存下來。成長過程或許可以用相機紀錄，但孩子精神成長與內在成熟過程，藉由圖畫作品來紀錄，將是無比珍貴的回憶。

小米幼稚園的畫作〈刷牙樂〉保存到現在。

2

每個孩子都可以是畢卡索

純真的心、嘗試的手，
和無限可能的腦，
是美感培養的珍貴利器。
獲得了解與賞識後，
孩子會因為豐沛的想像，
成為一個又一個畢卡索。

大人千萬不要過度主導意識，苛求孩子表現大人現實裡的立體光影效果，而是要讓小孩子盡情發揮美感的能量，大膽創作。追求「畫得像」是一種藝術扼殺。孩子不是同一個模子印出來的，學習繪畫不可能立竿見影，純真創作的心，無限可能的腦，大膽嘗試的手，才是美感培養最珍貴的利器。

「我！我！我！選我！選我！」我的太太林老師是說故事的高手，上課前總會先用十五分鐘的故事，來帶出當天課程的主題與重點，精彩的故事可以吸引孩子的注意力，引起好奇心，常常都能看到孩子們爭相舉手發問的情形。在情境式教學的引導下，孩子們畫畫時雖然專注而安靜，筆下卻能邁豪大膽、盡情揮灑，大人從旁指導、協助與互動對話，同步激發他們的繪畫本能。

講個故事來引起孩子的好奇，同步在激發他們的想像與潛能。

一個小時過後，等大部分的孩子都畫得差不多，就到了畫作的賞析時間。這個活動通常是一整堂課下來最最歡樂的時刻了。孩子們一個一個排排坐好，邊吃著點心，邊分享自己的畫作，也欣賞著同學的作品。最後。所有的畫作被擺出來，每一個人都要輪流挑選一幅最喜歡的作品，說出喜歡的原因。這是訓練孩子表達的膽識，也學習讚賞他人的優點。

有時，還會轉移陣地。像是下午班上課的人數比較少，畫作賞析索性就直接移到室外的花園角落，泡一壺花草香茶，隨興坐在椅子上，喝茶賞畫，在孩子心靈花園的角落，種下了美學的藝術種子。茶香佐著笑語，構成一幅美麗而幸福的教學圖，在永和的巷弄中飄散開來。

那麼，缺點又是誰來說呢？其實，在我與太太的觀念裡，每個孩子每個學生的畫作都有其思維與意識，哪裡來的缺點可言。孩子怎麼畫都有其潛藏的情緒與原因，大人最主要工作是挖掘開發潛能，並順應發展特性來引導。套一句教室裡的孩子，很愛說的戲語，「畢卡索就是——『閉』著眼睛『卡』在廁『所』」，所以，人人都可以成為畢卡索呢。

學生作品之一〈我是畢卡索〉。
擁有一個願意給予賞識的人，誰都可以是畢卡索。
爸媽的賞識，讓孩子更確信自我價值。

被稱為二十世紀的魔術師、立體派始祖的畢卡索就說，「或許我在小時候就已經畫得像大師拉斐爾一樣了，但我卻花了一生的時間去學習『如何像小孩子一樣作畫』」。孩子豐沛的想像空間，時而令大人驚訝。讓孩子接觸畫畫，雖然是為了開啟他的美感智能，豐穎他的想像力，但我卻常在孩子的圖畫中，領略了更多純真的能量，從他們臉上的笑容，彷彿聽見喜悅的音符響起。

兒童繪畫心理即是成人心理學的逆溯，兒童美術教的是兒童的心理學，每一個孩子都是獨一無二個體，繪畫不是填鴨式的樣板，個性美才是極其重要的元素。訓練孩子如何觀察、思考與表達，了解兒童繪畫思維與情緒心理，才是值得挑戰的課題。一顆黑色的蘋果、一根紫色的香蕉、一位火柴人……，其中蘊含的奧祕心理，等待大人去了解。

花園角落的下午茶時光，延續到現在。
現在也是畫室老師的小米，延續媽媽的方式，
用心指導更小的孩子。

美感教養練5功 (1-2)

不要主導或控制孩子「想要怎麼畫」。在畫畫過程中，大人過度關切只會給孩子莫大壓力，甚至讓他開始討厭去做這件事。

1、挑選場域

挪出空間的時間，找個舒適的地方，擱下煩惱的情緒（工作、考試等），邀約孩子一起創作與分享，一起進入屬於親子的藝術時空。

2、建立氛圍

佐一杯幸福茶飲或適量的精緻小點，細細品嘗茶香餅香，讓香味存放在記憶深處，日後聞香便能喚醒記憶，那將是親子的幸福時光。

3、練習自由

不要在乎畫的「像不像」。塗鴉是清醒時潛意識的出口，有如做夢一般，夢境是沒有邊界沒有限制的，練習自由，自然能享受自由。

4 仔細觀察

父母最好一同陶醉在畫畫的時光中，同步觀察孩子的表情變化、身體語言、情緒起伏等，這能幫助父母了解孩子的內心世界。

5 只需陪伴

再次提醒。孩子是畫的創造者，父母只需扮演陪伴的角色，即使是個專業的老師，也千萬不要去主導創作。

空間與時間都是擠出來的，有心，就能沉醉藝術世界。

3

誘發購買衝動的賣場擺設

大賣場的擺設與動線規劃，
是一種秩序的美，
更是一種誘發購買衝動的美。
參與其中的孩子，
能得到學習管控的機會。

孩子還小時，每逢假日，若無刻意安排的行程，我與太太便會帶著孩子到愛買、大潤發、家樂福等大賣場晃晃。一來是大賣場的物件種類齊全，方便購足一週的生活物品，尤其適合忙碌的現代爸媽，況且自助而平價的消費，選擇性多之外，也不會造成太大壓力。二來是賣場空間寬敞，逛起來舒適，相對於傳統市場也安全許多。琳瑯滿目的擺設與商品，足夠我們消磨假期時光。

賣場裡的擺設多半經過品類管理專家設計，他們會針對消費者的視覺與預期心理來擺置貨品，不僅分門別類而井然有序，更有利於眼睛的瀏覽，最重要的是，流暢而連貫的動線規劃，往往能誘發消費者的購買欲望。面對貨架上陳列的千百樣商品，要無動於衷很難，如果稍不節制，必然會超過預算。

大賣場的物件擺設，呈現相當有秩序的美感，是種誘發購買衝動的美。為了避免一時興起而買太多不實用的東西，我們總是努力地克制著。太太習慣採取總體帳目控制，將總額控制在二、三千元內，而且不帶信用卡金融卡，就帶著既定現金出門。出發前，會在家先擬定「一定要買」的必要商品，其他則能在預算範圍內，盡情地挑選比較。當然，孩子都參與其中，這是一個學習管控的機會。

「媽媽，我想買這個。」太太會讓孩子挑選自己喜歡的零食，但是一個人就只有一樣，而且預算要控制在一百元以內。提醒了規則，就放手讓孩子盡情地去逛去選，逛完再來決定。常常就是我與太太一組，三個孩子一組，兵分兩路。約好集合的時間與地點之後，孩子組就由大女兒沐沐領軍，帶著弟弟妹妹去逛他們的 Happy 購，我和太太則能趁機享受難得的兩人時光。

「沐沐，妳買的是特價品喔！」「小米，為什麼想買這個啊？」「仔仔，這個又是什麼呢？」我們的詢問是出自於好奇而非質疑，目的是想聽聽孩子的購物動機，並適時機會教育。孩子可能是因為特價促銷或買一送一而選購，可能是對於品牌品質的有所認識而選購，可能是被包裝設計所吸引而買，或還有其他大人從未想過的購買理由。我跟太太都想了解。

只要孩子能夠說出個所以然，我們都給買，畢竟一百元買一個滿足，還夾帶一個經驗，怎麼算都很划算。若全盤否定，孩子買起來既無趣又有壓力，就失去了賣場美學教育的意義了。在滿足孩子需求的同時，訓練他們控制預算的自制力，並讓孩子知道「需要的」爸媽提供，「想要的」自己爭取。

沐沐和小米在長大一點，為了布置姐妹倆自己的房間，我們開始會到IKEA（宜家家居）添購家具或擺飾。IKEA更能體驗家飾美學的布置。賣場會隨著季節變化，搭配重要節慶，在布置上別出心裁，更顯創意十足。有時，即使無法樣樣都買，孩子卻能運用有限的材料，布置IKEA展示的風格。

藉著上量販店購物，引導孩子認識商場的美學。大賣場的美學包括流行的、創意的、人文的、文化的等，透過觀察還可以連結如何應用在行銷上和擺設上，提升到商業設計的層次。既能添購生活必需品，又能創造美好的親子時光，還能體驗生活美感，何樂而不為呢。

和孩子一起用眼觀察，用心體會，
就會發現賣場不只有便利性，還有藝術性。

美感教養練5功(1-3)

父母克制力夠，控制欲就不會太強。賣場中可以欣賞布置設計的美、行銷的創意陳列、購物的心理學等，充滿學問。

1▸擺設學問

賣場的排列是經過專家設計，針對人們的心理來擺設貨品，分門別類且井然有序。不妨邊購物邊與孩子反推反思設計師考量，猜猜規劃者「當時怎麼想」。

2▸詢問動機

詢問孩子的購買動機，適時給予機會教育。只要孩子為了想買的，說出個所以然都很好。這是給孩子想機會，陳述表達自己想的，也在爭取想要的。

沐沐和小米穿梭市場，體驗購物樂趣。

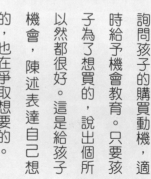

3 選擇藝術

花費要控制在固定預算內，給孩子時間與自由，讓他們好好地逛一逛，然後再來決定買什麼。學習在取捨之間，在有條件的狀況下，理解自己真正的需要。

4 學習布置

藉由賣場擺設或櫥窗設計，激發孩子對家中環境的想像，進而能利用有限素材，布置出一個擁有自我風格、順暢動線、舒適擺置的居家品味。

5 克制欲望

大賣場是個課外學習廣場，除了滿足大人購物需求，也能同步訓練孩子控制預算，不知不覺就能提升他們的自制力。

4

市場勞動者的美麗身影

市場攤商為自己而打拚，
是值得尊敬的小人物。
唯有透過實踐生產的過程，
才能獲得美的本質。
如實的影像正是最美的光影。

美學構成的最主要元素是人，尤其是為掙取生活，而滴下汗水的勞動生產者。剛結婚時，太太還在華新麗華電纜公司上班，無暇天天上市場買菜，於是我們習慣一個星期逛一次大賣場，把一週生活所需盡量購足。臨時發現不足，直接到鄰近的市場購買。原則上生鮮食物，都會在傳統市場採購。家裡附近的永安市場，就像是我們家的大冰庫，舉凡雞、鴨、魚、肉、菜等，幾乎都在這裡滿足當日所需。

傳統市場的好處，除了充滿了人情味外，還能吃到許多隱藏版的美食與小吃。在看似雜亂的市場裡，看得到最真實的辛勞影像。

我們也帶孩子上傳統市場，讓他們看見那些攤商勞動的身影，順便傳授些簡單小常識。例如，請他們聞一聞新鮮食材的味道，告訴孩子豬肉如何挑選（像是黑豬肉與白豬肉的的差別）。還有雞肉要在哪裡買、青菜要在哪裡買、食材如何挑選。直到現在孩子仍記得，我們告訴過他們，轉角的那家雞肉攤處理方式格外衛生乾淨，品質值得信賴。雞湯是太太的拿手絕活，她每週都會燉一鍋，做為全家人的活力泉源。雞湯飄著的是濃濃的媽媽味道。

也許市場攤販的服裝，沒有賣場或超市員工般統一整齊，但他們誠信且辛勞的影像，確實令人感動與敬佩。每天凌晨四、五點，多數人睡的正熟正香甜時，菜市場早已經是人聲鼎沸，熱鬧滾滾。攤販正在為了上半天的生意而忙碌著，婆婆媽媽正為了家人健康挑選著。此起彼落的叫賣聲，讓人駐足而且印象深刻。自食其力的勞動身影，認真打拚的表情，是我們要告訴孩子的美麗能量。唯有透過汗水體力，才能展現勤奮努力的形象。

孩子稍微大一點，寒暑假時，我與太太會跟他們玩角色扮演遊戲——換孩子買菜、煮菜，我與太太變成小跟班，跟在他們後面提菜籃。出發前，孩子會很用心上網查資料，期待把平常的家家酒，搬到真正的餐桌上來。從準備到上桌，一頓飯得來不易，菜色組合、餐盤擺設、碗筷收拾等，全由三姐弟妹輪流來做。這是為了讓孩子體會媽媽的辛苦，讓他們知道要落實兼顧色香味、營養健康、廚藝美學等，都不是太簡單的事。

傳統市場人情味濃厚，買菜送蔥，溫馨又給力。市場與地方生活關係緊密，日常之所需，市場應有盡有，充滿了互動生命力，這是持續在臺灣各個角落，真實上演庶民的寫照。

每每颱風、豪大雨來襲前，媒體肯定會大肆報導大賣場「青菜一把十元」等特惠促銷，似乎刻意營造傳統市場菜價上揚，消費者「買不下去」的「貴珊珊」印象。其實，這不過是一種特定促銷手法，在這類的商業運作之下，年輕人對傳統市場開始怯步。相對於大賣場而言，傳統市場的管理與環境稍嫌昏暗混亂，但的確有其存在的價值和優勢。

隨著時代變遷，傳統市場也拚轉型。臺北市的南門市場、士東市場都是成功脫胎換骨的例子，每逢節慶就摩肩接踵的南門市場，甚至成了傳統市場轉換跑道的指標。傳統市場正在蛻變中傳承，從傳統出發找回尋常百姓的生活軌跡，你會發現小人物堅韌的影像，正傳達臺灣人樸實認真的動人模樣。

傳統市場人滿滿，人情味也滿滿。
在裡頭，還可以深度體驗在地文化。

市場攤商勤奮的工作，為自己或家庭打拚付出，值得尊敬。人是實踐生活的主體，勞動生產則是人最基本的活動。美，主要是由人構成，透過實踐生產的過程，因此獲得審美的本質。勤樸勞動是最真實的美麗，美不是表面的光鮮亮麗，如實的影像才是最美的光影。

在美學構成中，人是很重要的元素。
前往市場能看到人們為工作為生活為家打拚的真實面。

美感教養練5功 (1-4)

懂得欣賞美麗的勞動身影，學會尊重各行各業的辛勤與努力，感恩眼前所擁有的一切，這是美育教養的真正價值。

1 市場的巡禮

傳統市場的人情味濃厚，給人溫馨溫暖的感覺，上市場買菜時，不妨帶著孩子一起去。透過與街坊鄰居的互動，給予孩子身教的浸染影響。

2 尊敬勞動者

自食其力的勞動身影，是要告訴孩子真正美麗的能量泉源，欣賞勞動者的美麗身影，學會尊重與感恩，是美感教養的真正價值。

3 欣賞真實面

攤商勤奮的工作，為家庭打拚付出，值得我們尊敬。勞動生產是人最基本的活動。美不是表面的光鮮亮麗，勤樸勞動是最真實的美麗。

4 買菜與做菜

換孩子買菜、煮菜，換大人當個小跟班，提菜相陪。給孩子機會表現，他會很用心的找資料，設計一套餐點。享用的時候別忘了要讚美。

5 體會與落實

一頓飯得來不易，菜色組合、餐盤擺設、碗筷收拾，讓孩子學習獨自包辦，體會家長的辛苦，同時讓廚藝美學在實作中落實。

自食其力的勞動身影，是孩子接收正能量最直接的方式。

5

看見老街的風華與滄桑

老街因歲月更迭而滄桑，
卻在新世代的創意中，
逆齡回春，整裝再出發。
傳統並非一抹而淨，
營造的是新舊並存的城市美學。

過年，是孩子嚮往的節慶，卻是大人忙碌的時刻。為了讓孩子感受過節氣氛，我們習慣帶著他們到迪化老街去採購年貨。迪化街南北雜貨、茶葉、布料及中藥材並陳，因應農曆年節迪化街擴展成「年貨大街」，規模堪稱北臺灣最盛大，人聲鼎沸，吆喝喊賣、試吃促銷，整條街熱鬧非凡，年節的氣氛濃郁。

迪化街全區大概可以區分為南北兩區，南區以乾料年貨為主，北區則以文創產業為軸，七十多棟完整且仍在使用的建築物，有單層的閩南式建築、二層樓的洋樓，還有仿巴洛克與簡潔的現代主義風格等，雖然多數店面普遍不寬，但縱深頗長，踏入屋內後，另有一番風光。這一帶因為街景別具特色，經常被選作電影或戲劇的拍攝地點，因此吸引很多小影迷朝聖。

迪化街曾在一九八〇年代歷經廢存爭議。
轉型後，有幸保存原狀，成為北市最古老的街道，
也成了北臺灣最大的年貨大街。

手做文創風進駐老街屋舍後，轉型成咖啡廳、果汁吧、有機小農林立的商店街，整個迪化街老城區回春再出發。這裡還有曾經風光全國的最大布料批發中心——永樂市場，與歷久不衰、香火鼎盛的霞海城隍廟，拜月老求姻緣的男女絡繹不絕。逛累了，吃點著名老店的小吃——旗魚米粉、土魠魚羹、福州魚丸、米苔目等來犒賞自己，挺適合全家大小來一趟文藝輕旅行。

每半年我們家會辦一次三天兩夜的國內小旅行，當然也不會錯過去各地老街看看的機會。像是新竹湖口老街、苗栗南庄老街、西螺太平老街、臺南神農老街、美濃旗山老街等。遊覽老街好比重回舊日時光，讓孩子透過被保留下來的建築與文化，了解過往的歷史遺跡。

親子一起到老街逛逛，看美景、吃美食之餘，還能體驗舊時生活。
這是沐沐與小米在南庄老街的「洗衫坑」，模擬傳統的洗衣方式。

大溪是太太的故鄉，回娘家時，就到大溪老街逛逛。循著昔日運貨的月眉古道，在和平老街的迷宮巷弄裡，尋找著鳳飛飛的童年故居。鳳飛飛是太太唯一的偶像，陪伴她走過幾乎整個人生。再繞往石板古道，幾十公尺的古道遺址，依然維持著百年前的模樣。

大溪位於大漢溪畔的臺地上，昔日為內陸港口，淡水、艋舺的船隻往來頻繁，昔日「崁津歸帆」的美稱，正是記錄了曾經的繁華。大溪老街是由和平、中央、中山三條街道構成。和平老街以木器神桌起家，中央老街滿滿都是商店，中山老街則以文化藝術為主軸。

街道上的商家經營的有聲有色，建築頗具特色，從店門口看起來狹窄，縱深卻恰恰相反，所以一點也不顯擁擠。街屋形式充滿巴洛克、洛可可等繁複精雕的風格，加上閩南傳統裝飾的剪黏技巧，石砌、紅磚、磨石子等，商家店號立面牌樓以希臘山牆樣式，雕花題字，梁柱上彩繪泥塑著繁飾幾何圖形與動植物圖樣，有象徵吉祥的龍鳳、麒麟、獅子、鰲魚、蝙蝠、孔雀、老鷹等，還有日本的菊花與中國的牡丹、葫蘆、花瓶，琴棋書畫盡在其中。

如果假期比較短，就去住家附近走走晃晃。去八里老街觀望度船頭的船隻擺盪，品味左岸風情。去淡水老街的巷弄中搜奇尋寶，遠眺觀音山。去三峽老街遊歷古蹟，欣賞李梅樹主持改建、有「東方藝術殿堂」之稱的三峽祖師廟。去鶯歌老街捏陶實作，挑選富有質感的餐具。去坪林老街喫茶用餐，探尋茶葉製造過程。去金山老街巡禮，泡泡溫泉，也體驗傳統澡堂。去石碇老街欣賞吊腳樓奇景與水中螢火蟲。還有，平溪老街放天燈、十分老街看火車門前過、菁桐老街看礦業遺址、九份老街看戀戀山城、深坑老街品嘗豆腐文化、新莊老街欣賞宗教廟宇、烏來老街置身原住民文化之中等，一家五口共同遊遍臺北著名的街景。

愈來愈多老街轉型再出發。
新型態新創意的進駐，雖然讓老街變年輕，但傳統的痕跡也能被保留與認識。

有人說「家有一老，如有一寶」，我倒覺得「地方有老街，如有一寶礦」。每個地方的老街，都曾經風華一時，即便隨著歲月滄桑更迭，或商業中心變遷移轉而漸趨沒落沉寂，但隨著人們休閒方式的改變，反而賦予了老街新的生命力。尤其近年來文藝產業進駐，老街觀光回春，創造的是新舊並存的城市美學，淬鍊的是更高雅優質的生活空間。

趁著假日帶家裡的孩子，透過老街，去認識當地文化吧。老街可以看、可以聽、可以遊、可以玩，有新、有舊、有吃、有喝，看老街的風華與滄桑，與街屋建築之歷史與文化，知性豐富，樂趣橫生。或思考老舊街町如何在環境轉變中，找到新的對象與價值。

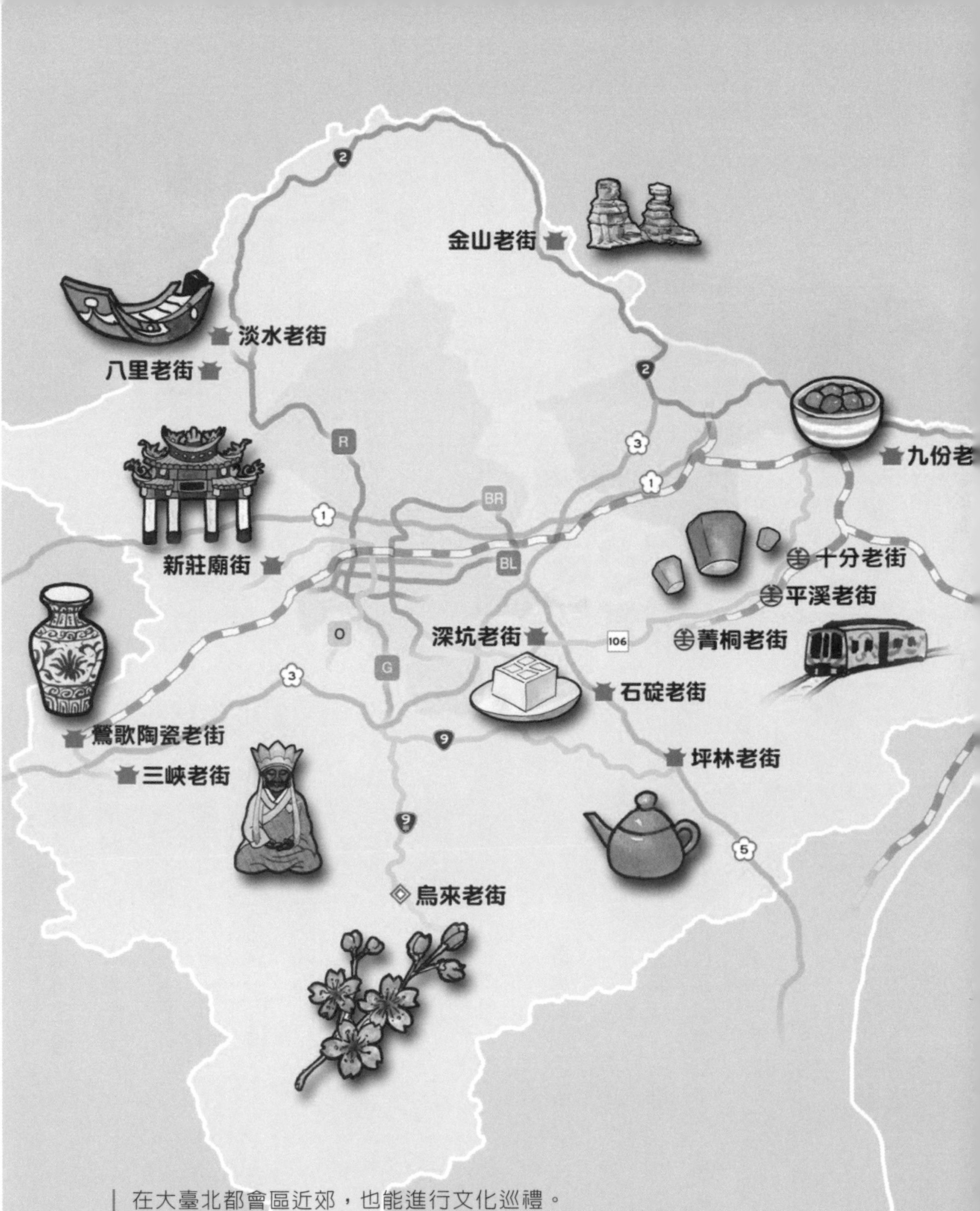

在大臺北都會區近郊，也能進行文化巡禮。
就循著地圖，去探索老街的藝術吧！
（江澐濬繪製）

美感教養練5功 (1-5)

透過老街能了解當地人文，重回舊時榮景。去看看，就會發現老街一點都不老，而是能在傳統之中，加入契合的新氣象。

三個孩子在大溪老街留影。

1、老街巡禮

全臺灣的大小老街超過七十處。從一條老街出發，以吃喝玩樂為重點，才能輕鬆上路，體驗美食與美景。試著在歷史回憶中，創造全家的回憶吧。

2、閩式建築

臺灣早期建築以漢民族風格為主，其中又以廟宇極富特色。寺廟是當時臺灣民眾的信仰中心，建築所費心思與成本往往是各地之最，當然也最具代表性。

3▸洋樓建築

臺灣被日本殖民將近四十個年頭。在日據中期，受明治維新思潮影響，引進如巴洛克、洛可可等西方藝術風格，融入傳統後，形成別具風味的洋式建築。

4▸日式建築

日本殖民早期，臺灣山林與礦石是主要開採資源，產業受日本殖民政府監督，官員的住所與日本神社，成為日治臺灣的歷史見證。

西螺太平老街的特色建築。

5▸產業轉型

老街以往的風華在時代潮流中慢慢褪色，但懷舊文創正在甦醒。如今的老街除了欣賞歷史的痕跡，也能看到現代創意與傳統文化的結合。

6 探索居家附近的公園之美

近在眼前的公園，
有著你我都曾經忽略的美。
建築的美，植栽的美，
與裝置藝術的美，
別忘了還有人際互動的美。

我幾乎每天早上都會到公園繞個幾圈、伸展筋骨。走在外圍的健康步道，看向公園中央，晨操老師正帶著一群學生做著伸展運動，一圈一圈地向外擴散開來，不同於其他團體，沒有口號，沒有服裝，但動作卻能整齊劃一，在靜默中流露優雅，彷如大師風範。

四號公園中有座六層樓的帷幕牆建築主體矗立著，這是國立臺灣圖書館，館舍面積有一萬五千坪之多，為全國面積最大的圖書館。我的太太很愛看書，除了在永和國小擔任圖書館志工外，每週會固定來這借書，增加親子共讀的資源，省下購買書籍的費用。太太借閱了大量的圖文書，經由圖像的引導，激起視覺愉悅的興趣，帶孩子進入文與圖的想像世界。

二〇〇四年，我曾應邀在館內主講「臺灣圖書館公共藝術說明會」，對圖書館的一些公共藝術，有粗淺了解。好比正門右側大理石雕刻〈書海徜徉〉裝置藝術，以琴鍵高低的韻律起伏，來呈現書本翻動的樣子。翻閱一頁頁的文章，沉靜在文字的世界裡，猶如聆聽一曲悠揚的樂章。館內的大型不鏽鋼裝置藝術，別具意義，一眼望去有如外星人的飛碟降臨，象徵著書本的力量宏大，就像在外太空探險一樣，探詢開拓那些浩瀚的知識，用來知曉過去，創造現在，邁向未來。

國立臺灣圖書館外的〈書海徜徉〉，不僅傳達閱讀時的悠揚與享受，更成了孩子們嬉戲玩樂的另一個選擇。

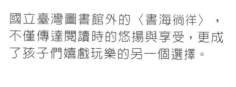

站在館外往內看，正門兩側的玻璃帷幕設計讓內部結構一覽無遺，充滿現代感。後門則因已故民俗耆老林衡道先生強力建議，而規劃一座紅磚砌成的靜思長廊，閩南式紅磚拱門，搭配周遭綠色樹木，紅綠輝映。緩和了玻璃帷幕的冰冷，綜合了復古與現代，卻毫不矛盾。當陽光傳過迴廊灑落時，行走其間有如時光倒流回到從前。在八二三紀念碑旁，兩座對峙的琉璃瓦涼亭建築，參雜在鬱鬱蒼蒼的樹木中，鮮橘翠綠相襯之下頗為耀眼。樹下鴿子不怯生地與人接觸，有時連可愛的小松鼠，也跑來湊熱鬧，形成人與動物間溫馨互動的畫面。

公園中央的木棧小橋雖然沒有流水潺潺，但淺淺綠波倒映著垂柳的愜意。有些人就利用假山堆疊的造景，來練習特技腳踏車或陀螺教學，站在一旁看，實在讓我這個門外漢嘆為觀止。年紀長一點的老人家們，就在樹蔭下，聚精會神的下著棋，或跳社交舞、土風舞、熱歌勁舞。年紀小一點的青年學子，正在進行三對三的鬥牛比賽。其他有人靜坐冥想，有人聊天，有人野餐等，不論做什麼，總是能樂在其中，享受著當下的美好。

四號公園對動物相當貼心，闢有幾處專為毛小孩設置的遛狗休憩場所。每到傍晚時分，大狗、小狗群聚一堂，愛狗人士相互交換飼養心得和祕訣，人跟狗、狗跟人、人與人、狗跟狗，皆能友善互動。兒童遊戲區更是充滿童真笑語，肥皂泡泡冉冉飄散，映照赤子歡笑、親子同樂的幸福場景。

在等待盪鞦韆的時候，藉機告訴孩子共享遊樂設施的重要性。美學最重要的是要結合教養，禮貌則是切入人際美學的潤滑劑，學會與同輩相處，不至於成為唯我獨尊的小霸王。當然，也要教導孩子與來運動的叔叔阿姨、阿公阿嬤互動，養成問候長輩的習慣。

隨著公共建設的興建，住宅區中的公園綠地愈來愈多，在愈加擁擠的水泥叢林中，公園不僅僅提供人們休閒好去處，多多少少過濾掉汙染空氣的碳排放量，讓居民能呼吸微量的清新，沐浴在幸福裡。公園著實是一個大寶庫，有空時不妨帶孩子遊玩娛樂運動設施，注意硬體設備的安全性，認識公園的花草樹木，驚遇昆蟲禽鳥的喜悅，從植物而動物，到人與人之間的互動，滿是美麗的身影。先在公園小試身手，等孩子大一點，就可以來個生態旅遊，更深入了解生長的土地。

美感教養練5功
(1-6)

公園綠化地方環境，也是小小遊樂場。不用舟車勞頓，不用大費周章，先對常見的動植物與建築做點功課，就能全家一起探索公園的美。

1 出門走走

放下行動裝置，揮別宅爸宅媽宅孩子，出門走一走吧。千萬別捨近求遠，家裡附近的公園，就是最好的休閒場所。

2 生態洗禮

公園有如家裡的後花園。大部分的公園綠地植栽聚集，從陸生到水生，從草木到花葉，置身其間享受綠意浸染，摸索生態奧奇。

即將歡慶一百歲的二二八公園一隅。

3、活絡筋骨

使用園內附設的運動器材，活絡久坐少動的筋骨。親子一起並肩走在步道上，走出心中煩悶，增進彼此情感，邁向健康的人生。

帶孩子走出戶外，一個大草坪就能玩上一整天。

4、大口呼吸

公園是水泥叢林裡的少數綠地，就好比都市之肺，盡可能給予民眾清新，這裡是可以吸收芬多精的好地方。

5、隨手減碳

是否為了生活便利，成為PM2.5的製造者呢？其實，小老百姓也能為地球貢獻一份心力，如隨手關燈與減少不必要的用電。

PART TWO

平凡日常的美麗境界

藝術源自於生活，時時刻刻都充滿美感，喚醒親子審美力，用心感受平凡日子中的不凡之美。

1 遊走夜市的微幸福

夜市呈現某地區的庶民文化。
物美價廉的飲食或娛樂，
是不論本地人或外地人，
都可以享受的生活小確幸！

我所居住的永和雖是彈丸之地、人口稠密，但外來的人口占了很多。三百多年歷史的店仔街福德廟香火裊裊，庇佑外來打拚的異鄉客。由土地公廟宇信仰中心慢慢發展成市集，因此樂華夜市成了居民常逛的休閒場所。

每到傍晚時分，華燈初上，人潮漸漸湧入樂華夜市購物、覓食、娛樂、閒晃。假日更是擦肩接踵。週末若沒有外出的活動，夜市便是我們全家晚餐的大型飯店，整條街都是我們的用餐休憩區。一九八一年北上落腳永和，來到繁華的都市討生活，吃牛排對一個鄉下來的窮學生，是難能可貴的，我平生大快朵頤的第一客牛排，就是在樂華夜市裡。老字號的平價牛排店林立。

正值孩子發育期間的那個階段，我與太太每週幾乎都固定會帶他們吃上一回，幾百元就吃得到的平價牛排，滿足了孩子的腸胃。除此之外，偶爾想換換口味，讓太太放個假（不用料理三餐），也會到夜市覓食。夜市攤販一攤緊鄰著一攤，入口開始的紅糟豆乳雞、旗魚串、蚵仔煎、客家大湯圓、小章魚燒和滷味，中段的雪花冰、燒麻糬、三鮮羹、米粉湯，末段的咖哩飯、涼拌木瓜絲、海鮮熱炒、當歸麵線等，都是夜市美食排行榜的常客。

臺灣是個典型的島內移民社會，外出打拚的人口多，夜市攤販反映出快速變遷、與時俱進的本質。夜市裡可以看到臺灣各地的傳統美食，很多是幾十年的老字號。但樂華夜市可不安於傳統，每隔一段日子，新興異國美食就會冒出頭來，印度拉茶、法式可麗餅、泰式月亮蝦餅、日式拉麵、韓式炸雞等，多元美食匯聚於此，透露這個地方新舊並行，樂於嘗新求變的人文背景。

每到傍晚時分，人潮便漸漸湧入樂華夜市。
我們一家子也常出沒於此，無論覓食、娛樂或閒晃。
（林彥榮作品〈樂華夜市〉）

在夜市要勇敢嘗鮮，還要下點功夫，才能避免碰觸「雷區」。我們步步探索，評價好的老字號攤販一定嘗試，年輕攤商就買一小份吃看看。我們也會觀察店家翻桌率或準備流程。最後，把商家分為「再度光臨」「觀察考慮」「謝謝不見」三級。舉凡味道、價格、買氣、外觀、環境、服務等，都是評分重點。

藉此，帶著孩子體驗商家在面對競爭壓力時，又會用什麼方式來贏得消費者的青睞，做生意的「眉眉角角」，就在細節裡，試著去觀察買賣雙方的互動，才能有所斬獲。另一邊傳來吆喝叫賣聲，俗語順口輪轉又洗腦，吸引觀眾駐足圍觀，引發購買的欲望，叫賣者用語的音韻之美也值得欣賞，正如從夜市發跡，網路當紅的叫賣哥，光聽他介紹商品就是一種享受。

二〇一五年，臺灣曾榮獲美國CNN「全球十大最佳美食旅遊點」，我相信，絕對有不少道地小吃，隱身在夜市裡，像是名列臺灣夜市小吃第二名的炸雞排，不吃真的太對不起自己。就連平常認為油炸食品不健康的太太，來到夜市也主動說要買。雖然只是全家共享一塊雞排，也能讓平時鮮少嘗「炸」的我們開心不已。邊吃，太太也輕聲地說，「雞排好吃又便宜，但和菜市場的雞相比，食材優劣立現，我不想掃你們的興，吃一點就好，就算中槍了，也是平均分攤⋯⋯」。只能說太太英明，不刻意阻擋垃圾食物，又暗地裡幫大家把關。人嘛，偶爾也要俗氣一下，不能老是吃健康營養的，一分錢一分貨，我心知肚明清楚得很。

藝術生活，生活藝術。美，來自於生活落實，藝術若不能在生活中遇見，嚴格說來，只是自我安慰的精神劑，如何在現實中發現美，要從雜亂思緒中整理出頭緒，達到「亂中有序」，慢慢注入藝術活水，水到渠成。二〇〇九年臺北聽奧開幕典禮上，有一幕是由舞者扮演「臺灣小吃」，介紹滷肉飯、牛肉麵、芒果冰、甜不辣、小籠包等經典料理。閉幕式時，乾脆席開百桌，讓各國選手品嘗臺灣道地的流水席，贏得國際聽奧主席盛讚，說「這是最成功的閉幕」。不僅成功行銷臺北，也翻轉臺灣小吃的形象。

近年來，傳統夜市力拚轉型，以跳脫地方市集的形象，增添觀光的機能，不僅設置公廁，門面也乾淨許多，口碑不錯的攤販承租店面，努力營造舒適的用餐空間。夜市，是臺灣值得驕傲的庶民文化資產，充滿人情味，混雜繽紛流行的美感，值得我們努力維持美麗印象。

美感教養練5功

(2-1)

和孩子一起逛夜市，了解居家附近夜市的特色，看見人事物的美，並建立自我對地方文化的認同。

1▸走入夜市

夜市可吃可逛可買可玩，看似吵雜卻又不失秩序的美感和諧並存。如果說最美麗的風景是人，那麼一定要親身感受，夜市裡滿滿的人味與情味。

2▸動容身影

一個人尊重自己的行業，熱情投入才能贏得顧客敬重，看小販認真地做生意的態度，或現點現做的美食等，將會被他樂於工作的身影所感動。

一攤一攤逛，也是一種享受！

人氣攤商前，總是有絡繹不絕的顧客。

3▸堅持傳統

老字號攤販能飄香如此久的時間，受到消費者擁載，自有它的道理，也許是用料實在，也許是食材新鮮，也許是價錢合理，不如自己去尋找理由吧。

4▸創意美食

夜市多了許多創意美食，將食物重新搭配，翻轉既定意象，看得見發想者的創新與想像。不妨和孩子一起腦力激盪，想想看新潮的美食組合吧！

5▸描繪探索

鼓勵孩子把夜市的印象說出來或描繪出來。然後，暫時撇開髒亂或擁擠，一起聊聊夜市的美在哪裡。

2

透過收藏來看造型美學

培養收集嗜好，並優游其中，
可以讓審美感知能力向上提升。
翻轉一成不變的枯燥生活，
活的有趣味，自然更有品味。

一九九六年，我的太太到美國、加拿大旅遊十八天。回國後，她送了我一隻拇指大的掌中牛，她說在加拿大時非常想念我，買了這頭牛解思君之情。我生肖屬牛，自認勤奮認真、能操能做，平時性情溫和，但一發起脾氣來則驚天動地。尤其固執保守、腳踏實地，簡直是標準的牛脾氣。掌中情緣一「牛」牽，我開始收集牛的飾品、文物。幾年下來，國內國外戰利品已有近千件之多。從水牛、乳牛、犛牛、鬥牛、犀牛，到蝸牛、天牛，甚至牛頭馬面、牛魔王等，根本是族繁不及備載，全都在我的收集範圍內。因為愛牛成癡還自取綽號為「牛寶」。

我家的餐桌是一張繪有十二隻牛的立體桌面，中間放置各式各樣的小牛飾品，外加四張牛寶寶的坐椅，坐起來非常有「牛癮」。其他生活的日常用品，舉凡沐浴乳、洗澡刷具、鍋碗瓢盆、鞋襪衣物等，都有牛的蹤影。讓牛融入真正的生活中，正港的「牛影幢幢」。在收集的過程中，同時也享受喜悅。以前逛街對我來說是一種負擔，因為只能看太太逛看孩子逛，後來為了收集牛，自己也逛了起來，逛街成了樂趣。我南征北討，無論洽公、旅遊，尋牛的刺激驚豔，令我悸動不已。在此之前，出遊總是亂槍打鳥，買了一堆不知如何處置的紀念品，後來就知道瞄準目標，集中火力。

生日時，太太必會買牛的藝品犒賞我，並請吃高檔的牛排料理。她熱愛到日本旅遊，幾乎每次去都會幫我帶上一兩件，累積下來已有二十幾頭牛了，三個孩子也會集資合購送我牛的飾品或畫牛的卡片相送。我生肖屬牛，個性像牛。我喜歡造型簡約的作品。搜刮具有紀念性、奇特性、藝術性、現代感的牛物件。收集讓我的生活翻轉出多樣變化。古董文物價格昂貴，我高攀不起，遂發揮畫家本性將其畫下來過過牛癮。算一算不只體積縮小了，還增加了附加價值。

在美學的專業領域裡，「造型」一詞是指物體表現的輪廓與外型，也就是在一定的空間條件下塑造形體，主要運用在平面繪畫和立體雕塑上，收集飾品或物件也是以欣賞造型藝術為基點。造型藝術著重於「靜態」表現，經由色彩、線條等，呈現美感與意境。我家三個孩子在耳濡目染下，逐漸懂得如何觀看造型美學的線條、輪廓、色彩與質感。也開始自己的收藏人生。

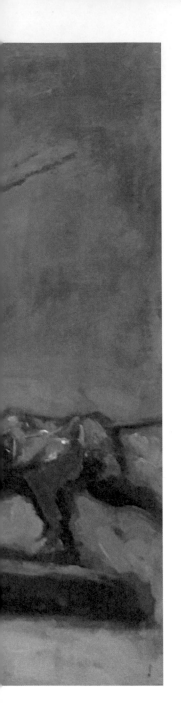

愛牛成痴的我很想搜刮所有的牛，
可惜口袋不夠深，只得畫下來欣賞了。
這幅作品是畫朱銘的木雕作品。

大女兒沐沐熱愛猴子、二女兒小米收藏狗狗、兒子仔仔最愛的是生化戰士。「集物癖」不僅僅屬於個人，還變成全家連結感情、團隊合作的方式之一，我們常常同心協力集點，就為了換到全套全家、7-11、爭鮮的公仔呢！撇開勞神傷荷包不談，收藏飾品確實寄情養性，還能增進親子關係。培養蒐集的喜好，讓美好的藝術滋養他們的性情。

尤其兒子仔仔的改變最大。有過動傾向的仔仔，自五歲起，幾乎就沒有一刻安靜下來過，總是動個不停。但自從迷上收集樂高生化戰士（BIONICLE）後，竟然可以安靜整個下午，只為了把一個個的零件組裝完成，那種前所未見的耐心度和專注力，讓我驚呼連連。

組裝樂高這件事，讓仔仔完全沉浸在模型的世界，大人也得以喘一口氣。偶爾，孩子的媽會故意裝不懂，要兒子幫忙指點指點，只見得到媽媽崇拜眼神的他，彷彿受到鼓舞而大展身手，更加神氣自信。原來，對過動的孩子不見得要一再地糾正、制止、嚇阻，當他們遇到引發興趣的事物，注意力自然能夠集中，讓過剩的精力有所發揮，效果超乎想像。

我與太太之間因為收集品而感情增溫，與孩子間也因此更加親近、有更多話題，三姐弟更因此而拉近彼此距離。生活的意義在於內涵和歷經的感知過程，練習去欣賞藝術品，提升了生活美學的品味層次。不管是觀賞用的還是實用的，收藏這件事，總是能讓人感到快樂無比。

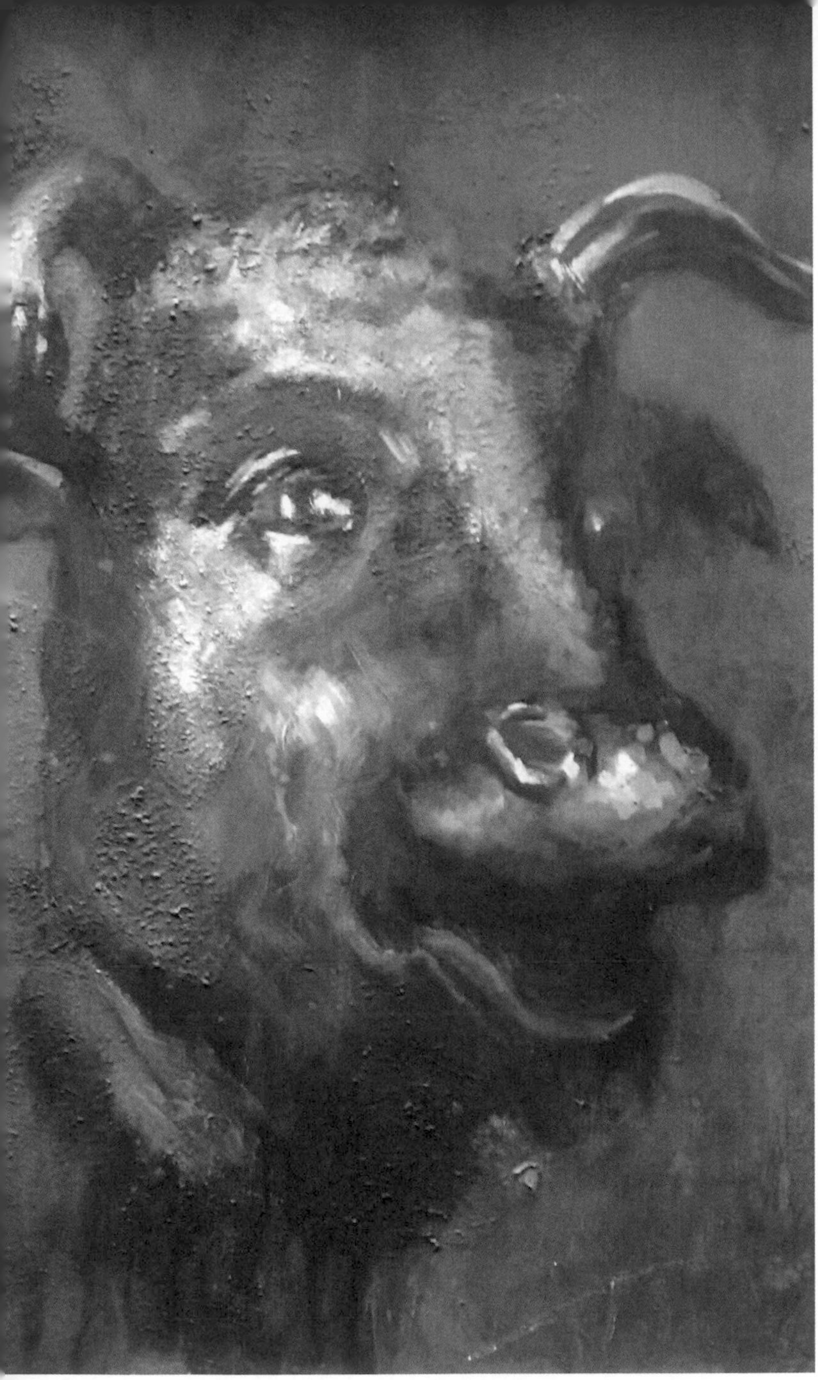

即使愛牛如命，收藏還是無法一網打盡。
慶幸我有枝筆，能把天下牛通通網羅。
（我畫圓明園的牛首銅像）

美感教養練5功 (2-2)

追尋他人的腳步，不見得是屬於自己的流行。收藏，創造屬於自己的流行，欣賞物件藝術的造型。

太太送的掌中牛，開啟我用牛記錄生命的歷程。

1▸培養興趣

培養收集興趣，怡情養性，知所堅持。讓生命除了現實奮鬥外，精神有所寄託，性靈能有豐富。

2▸記錄生命

每一次收集都標上購入時間、地點，甚至為其命名。不知不覺中，收集成為生命過程的紀錄點，記錄了旅遊、情緒、人與人的相處。

3‣目標純粹

收集不宜複雜多樣，最好選定單一元素，再做多樣發展。因為單純才能深刻烙印在記憶中。

4‣塑造形象

一時興起的興趣無法讓人記住，長時間堅持一件事情，才會讓人敬重，尤其深刻地記住你。創造屬於自己的形象吧！

5‣找回自己

一個能讓自己多年記錄的事物，必定有其性格象徵，從中尋找、深掘、發現，找回自己在世界的位置。

我的牛收藏品。（這只是總收藏的很小部分）

3

把家人的生日看成大日子

挑選或繪製卡片都是藝術，
祝福的話，則是美麗的幸福印記。
大家圍繞壽星哼唱生日快樂歌，
主角將享受巨星般的風采。

生日，在我們家是一個重要的日子，每個人每次生日的聚餐，都是凝聚感情的一個途徑。我們夫妻倆早早就說好，要重視每個孩子的生日，壽星可以自己選聚餐的餐廳，孩子的媽負責訂位聯繫，孩子的爸（就是我）則要出錢買單。出席的人都要準備一份禮物、生日卡，禮物不限金額，可大可小，但一定要出於真心。其實，最重要的是那張生日卡。

孩子在從選購卡片的過程，是欣賞坊間卡片設計的好機會。但三個孩子從小在畫室長大，也都跟著上課，因為看多聽多學多，開始會出現在書局挑不到喜歡或適合的樣式，求好心切的他們，索性自己動手繪製。卡片的內容更是重點，其中記載著「祝壽者」的溫馨、體貼與分享。透過文字的加持，創作更動人感人，記錄每一個回憶故事。

記得有次我生日，早約好放學後直接餐廳集合。孩子的下課時間是五點，從學校到餐廳大約十分鐘路程，結果等到五點半，大女兒沐沐還沒出現。當時，真有些著急不安，再過了約莫十五分鐘，才看見她急急忙忙地推門進來。她說放學後老師宣布一些事情，才耽擱延誤了時間。

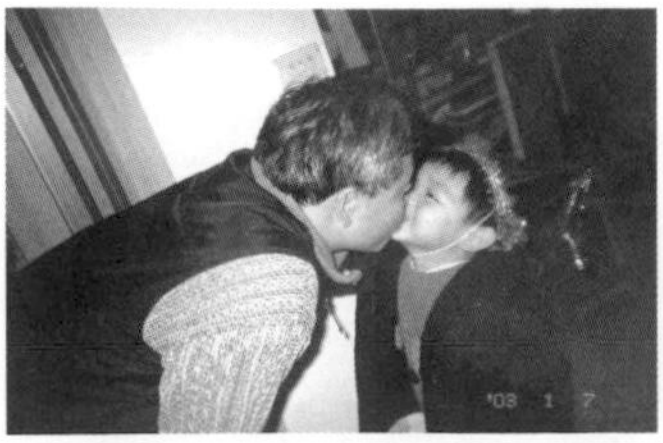

過生日，這是我們凝聚情感的一種方式。禮物不需貴重，可以是一張卡片、一頓飯或一個吻。

用餐後，在小蛋糕上點上年齡保密的蠟燭，全家人輕聲唱著生日快樂歌。前兩個願望當然要保密，在第三個願在說完的剎那，大家輪流送上自己準備的卡片與小禮物。拆禮物就是一種深刻的期待，驚奇與喜悅永遠意想不到，猜不透眼前會有什麼樣在等著、會有什麼樣的牛出現。

「Surprise!」沐沐拿出一件用免洗杯、吸管、冰棒棍等製作的牛寶樂園，還有一張牛頭形狀的卡片，一掀開，裡頭同樣密密麻麻。看著看著，本來就感性的我，忍不住就溼了眼眶。有時候，文字的溫度與實際的交談溝通，就是如此截然不同。隔了些日子，我才知道沐沐當天之所以遲到，全是為了給我驚喜，因為在家準備禮物怕被發現，只好利用在學校的下課時間做這精美的生日禮，偏偏沒能如期完成，只好在當天放學留下來趕工。禮輕情意重，孩子的心意最值得珍惜。

這是太太親手做的生日禮物，
為了這頭牛她花了無數心血，
對我而言，這是無價之寶。

卡片設計是結合文字、圖案與美感的一種訓練。卡片內容不該是詞藻的堆砌，而是學著傳達心意，文字就是心靈的影子。每個時期都有屬於當下的說話或行文的習慣，從啞啞學語，到說出一個有意義的詞，到一個有意義的句子，再到一個完整的小文章。想起有陣子，讀國中的仔仔在學校正好學到古時的信件格式與用詞，那年的卡片用的是「父親大人鈞鑒」「孩兒仔仔叩拜」等。看到孩子能如此學以致用，心裡也是蠻開心的。

除了選卡片、做卡片、寫卡片，挑選禮物也是一門藝術。不僅個人的鑑賞品味必須養成，對美感的敏銳度也要訓練。此外，還要揣摩壽星的喜好，好禮物的不二方程式，至少要兼顧實用性、流行性、心理性、保存性。家裡每個人的生日都是一堂生活美學課，彼此收送禮物就是觀摩與實習。親子間的甜蜜建立了，家人間的情感更鞏固了。

美感教養練5功 (2-3)

重視家中每一分子的生日，當他確信自己很重要，也會看見旁人的重要。準備生日卡片的同時，也在教孩子愛與分享的傳播。

1、卡片設計

先做張手工卡片給孩子，並提醒他要回送。好好珍惜孩子送的卡片，讓孩子知道你懂得他的心意。

2、委婉表達

鼓勵自己也鼓勵孩子把想法完整地勇敢地傳達。不敢直說，就用寫的。大人要去懂去讀孩子的心聲。

3、禮物挑選

一開始要陪孩子挑，引導他揣摩壽星喜好，並兼顧實用性、流行性、心理性、保存性。久了，孩子就懂得循這個模式了。

4 ▸ 肯定價值

人的相處有許多互動互利的機會，懷抱感恩的心、欣賞的心，不僅能化解偶發的矛盾，也能讓人感受自身的價值。

5 ▸ 勇敢說愛

雖然說愛不求回報，但人心需要被肯定的。對孩子說愛，他也會如你一般樂於表達心意。愛不是單方面付出，互動更能讓愛傳遞。

我留著所有孩子送給我的生日卡。

4

音樂激起的心靈漣漪

抽象的旋律具穿透力與感染力。
能貼近心靈，激發潛能與想像，
若能結合畫面與情節，
更能加深腦海中的深刻記憶。

音樂能洗滌靈魂中所沾染的塵埃。除了淨化性靈，更是一種精神享受。莎士比亞說「無論怎樣強硬、頑固、狂暴的人物，音樂都可以一時改變他的本性」，連史詩級的劇作家都如此激賞，可見音樂的超能力搞不好會大勝過法律、規範或其他利誘的。音樂緩和急躁的個性，宣洩煩悶鬱卒的情緒，還是鼓舞人心士氣的推手。音樂對我對我家的重要性，果然不言可喻。

音樂無國界。就像微笑，是人類通用的語言。音樂用聽的，不像要演奏要賞析那樣難，幾乎沒有門檻可言，用耳用心就能聽。我的生活離不開音樂，我的家庭也離不開音樂。聽音樂變成一種習慣，唱歌則是日常生活的享受。

老婆從孕育生命那刻開始，便用音樂讓溫柔的羊水聲，撫慰生命的最初相遇。不只懷孕期間天天播放古典音樂做旋律胎教。孩子出生後，最愛哼著鳳飛飛《心肝寶貝》哄睡，唱著「輕輕聽著喘氣聲／心肝寶貝子／你是阮的幸福希望／斟酌給你晟」，邊唱邊訴說他的心情。隨著孩子長大，家中聽到的音樂型態更多元，歌聲更滲入生活，就像陽光、空氣、水般不可或缺。音樂不只是陶冶孩子心靈，更能激發學習興趣，加強旋律記憶，甚至能緩和情緒，撫慰疲倦悲傷的心靈。

太太曾購入席琳狄翁的專輯，用天籟美聲的感染力，提升孩子的氣質，即使當時三個孩子的英語還不怎麼通，卻還是能跟著哼上幾句。迪士尼的經典動畫錄影帶，更是影音兼備的育兒好夥伴。一方面刺激孩子的聽覺與視覺，一方面透過曲調與畫面的結合，讓孩子感受故事的情節變化，與人物角色的個性優缺等，有時，我或太太還會假裝不懂，要孩子解釋給我們聽呢，不知不覺中，鍛鍊了理解力與組織力。最重要的是，迪士尼動畫樂觀積極，非常適合小孩觀看。

我則偏好選擇日本宮崎駿動畫給孩子觀賞，這裡頭蘊含更多的愛，更多的希望，更多的夢想。與孩子一起觀看，引導他們融入角色，和孩子討論劇情，聆聽搭配的音樂與旋律，欣賞畫面呈現的色彩線條等。比起美式動畫著重在英雄主義，強調正義的精神，日式動漫更顯得柔和明亮，展現更多理想與期望。

尤其是《龍貓》，在我家相當受歡迎，三個孩子一看再看，百看不厭。故事裡的姐妹情深，無私的親情溫馨感人。二女兒的小名還從本來的「小小」改成「小米」，跟片中活潑可愛的女主角妹妹同名呢。此外，《魔女宅急便》《風之谷》《天空之城》《魔法公主》《霍爾的移動城堡》等都一路陪伴三個孩子成長。

音樂的魔力，激起心中的迴響，韻律與節奏則可以強化記憶，強烈的節奏感更有助於語言的學習，至於，如何挑選得靠家長的腦袋與智慧。選擇輕快且重複性高的歌詞或旋律，孩子在多聽多看下，自然而然就能琅琅上口。要是搭配了舞蹈，孩子不只用腦，還能加強手腳的協調性。其實，大人能在旁帶領互動，隨之搖擺，或乾脆瘋狂嘶吼吶喊，無論如何，都是天倫歡樂。

大概是從小受音樂錄影帶影響，加上孩子的媽有副好歌喉，而我也酷愛扮演與孩子打成一片的「動感老爹」，常隨音樂扭腰擺臀，帶動氣氛，三個孩子從小都很愛唱歌，比起同齡的孩子，有機會拿到麥克風不害羞，而且特別喜歡邊唱邊跳，音感還算說得過去，他們甚至組成「Triplex」合唱團，合聲兼伴奏都有了。舞蹈雖然不及熱舞社那樣超，但肢體動作也還算協調。

我這個動感老爹影響頗深，
三個孩子從小活潑大方，還自組「Triplex」合唱團呢！

KTV是個練歌展現歌喉的好地方。對一般人而言，去K歌就是要跟朋友同學等同輩才好玩才嗨。不過，我們家不太一樣，孩子讀高中、大學後，KTV偶爾也會成為我們享受親子時光的首選。動感搖滾狂放使人著迷，音樂狂野可以宣洩情緒，有時全家想要「嘶吼」一下，索性就相約夜唱瘋狂！其實，如果真的不能到KTV，即使在家、打開音樂頻道，拿著紙捲的假麥克風，隨意哼唱幾句，好比與明星偶像同臺歡唱，整個客廳都是舞臺，每位家人都是忠實聽眾。

我喜歡看布袋戲。從黃俊雄的「史艷文」到黃文擇的「素還真」，一路都在追。我和太太都是閩南人，無奈孩子從小生長在大臺北，鮮少有機會接觸閩南語，對閩南語有聽沒有懂。驚覺之餘，索性帶著孩子跟我一起看霹靂布袋戲，從中熟悉母語文化。霹靂布袋戲的聲光影像引人入勝，再加上符合劇情的配樂，讓人不由自主便陶醉其中。三個孩子看多了，從一開始的聽一句問一句，到後來幾乎聽懂整齣戲了。此外，對親子關係的提升，有了一些額外的效益。好比小米愛上核心靈魂人物——素還真（第一男主角），人稱「刀狂劍癡」葉小釵則成為沐沐的偶像，兩個女孩還開始收集霹靂公仔。至於，兒子仔仔喜歡《刀戟戡魔錄》裡的羽人非獍，喜歡到要求加入永和國小的國樂團，只為了去學習二胡，期待能跟羽人非獍一樣。

音樂可以帶來歡樂，洗去憂傷。每個人每個時候的心境，不論喜怒哀樂，大概都能找到一首代表的歌曲，英國詩人雪萊就說，「傾訴出最淒涼的思念的歌聲，是最甜蜜的歌聲」。一首打動人心的音樂，即使是泣訴哀怨憂傷的情緒，也能讓聽者的心海平靜下來。

我家三個孩子因為看布袋戲，
閩南語變得「練轉」許多。
小四時，仔仔還著迷到自己手繪霹靂公仔。

美感教養練5功

(2-4)

音樂可以浪漫，可以平靜，可以激動，可以舒緩。莎士比亞曾說，「無論怎樣強硬、頑固、狂暴的人物，音樂都可以一時改變他的本性」。

1 享受音樂

音樂是時間的藝術，它存在「時間」這個特殊的維度裡。無法永恆靜止，只能暫存在所經歷的故事裡。聆聽音樂，能暫時脫離外在世界，沉浸自我心世界。

2 欣賞歌詞

透過文字，也透過歌手的演唱，聽的人更能理解歌詞的傳達意念。每一首歌的歌詞都有屬於它的美，靜下心來閱讀，就會有更多感動。

3▸感受旋律

只有歌詞，沒有曲子，就像少了軀體的靈魂。曲雖然相對抽象，卻能深入內心世界。尋找讓自己有感的旋律，隨著旋律傾聽內心的聲音。

4▸連結畫面

邊聽音樂，邊與自己的生活、感受、經歷、遭遇連結，透過腦中影像的呈現，把喜愛的音樂從無形變有形。

5▸幸福家歌

透過音樂來消弭年齡的差距吧！全家一起選一首大家都喜歡的家歌，一起哼唱，唱出幸福曲調，唱出溫情的凝聚。我家的家歌是鳳飛飛的《涼啊涼》。

不怕生的仔仔，三歲就練得穩健的臺風。

5

現實與虛擬交織的電影世界

電影是一把開啟視覺的鎖鑰，
透過鏡頭看見喜怒哀樂，
學習獨立思考、探討議題、
分析影像與解讀訊息的能力。

「電影」確實是一種藝術，還與繪畫、雕塑、建築、音樂、文學、舞蹈、戲劇等，並列於八大藝術中。要我來說，我會說電影是動態的藝術，結合繪畫等其他七大藝術，可謂藝術表現的綜合體。經由專業策畫、編劇敘事、拍攝技術、後製效果，聲光搭配，使得欣賞者的視覺處於不斷運動的狀態，反映真實生活，也呈現虛擬的想像世界。

我非常非常的喜愛看電影，可以說是視電影如命，光在念大學四年的期間，看過的大大小小電影少說有一千部。任何類型的電影我都看，不過，其中最喜歡的還是劇情片。牛頓曾說，「將自己的雙腳站在巨人的肩膀上，你會看得更高更遠」。對我而言，看電影就像站在巨人的肩膀上看世界，即使是不曾去過走過的時空，都彷彿置身其中。

緊湊而充實的情節，在二、三個小時內完整呈現，特別容易讓人著迷。溫馨、驚悚、刺激、搞笑、勵志、教育、夢想、科幻、歷史、人道等，各種議題包含在電影中，同時讓人學著反思自身處境，學著處理人際關係，學著體驗人生的各種面向。看電影是寓教於樂的方式。

每個星期天晚上，江家電影院按時播放。親子共賞的電影，挑片要很謹慎。不只要排除限制級的電影，我與太太還會先看劇情介紹，如果是保護級或輔導級，我還會先看過，確定沒有過度腥羶色或暴力疑慮才放行，以免片中過於偏頗或大肆渲染，對身心尚未穩定的孩子造成不良影響。

電影可不是看完就沒事。觀賞之後，孩子的媽會先說自己的感想，再鼓勵孩子輪流發表心得，最後由我總結。感想沒有正確答案。孩子從自己的角度提出不同的見解或看法，可以針對內容、對話、演技、分鏡、音樂來說，也許是一句經典臺詞，或一個細膩鏡頭，或一個人物特寫。這也在培養孩子對藝術的剖析能力，增加審美智能。此外，我們全家會一起去電影院，看熱映中的院線片，追趕流行話題，讓孩子有不同的視野，跟同學同儕間有互動的話題。

也延伸到戲劇觀賞。寒暑假常全家追劇，從布袋戲到偶像劇，從韓劇到美日劇。男女主角偶像美學，讓人心之嚮往。我從不怕孩子因偶像而荒廢課業，反覺得那可能是他們進步的動力。人有偶像，在真實人生遇到困頓時，精神上似乎比較有所寄託。即使偶像是虛擬人物，也能帶來療癒力量與積極作為。

人生如戲，戲如人生。閱讀一部部人間濃縮的精華故事，可為自己提供借鏡，正所謂「殷鑑不遠」，進入社會各個不同層次，體會不同的人生經驗，電影透視生活，讓生命更有挑戰和趣味。

〈阿凡達〉也曾是我家電影院的播放清單。
片中提及保育環境、尊重物種、科技應用等，
是與我們息息相關，值得深思的議題。

美感教養練5功 (2-5)

電影美學是最直接的生命反映，觀賞一部電影等於看了一本動感的文學小說，聆聽了一場精緻的交響演奏，走過了一場精湛的美術展覽。

1、看電影吧

是不是覺得「有了孩子就不適用看電影的浪漫」了。抽個空看部電影吧！去電影院或電影臺都好，最好全家一起坐下來看，並分享彼此的感動吧！

2、賞析電影

由大人引導說出觀後感想，再換孩子說說自己的心得，最後再由大人分析總結。每個人可以從自己的角度提出不同的見解，也可以討論下次想看的影片。

3、精彩對話

戲劇潛在的靈魂是對話，對話帶出創作者的內心與價值觀。對話不見得都露骨清晰，更多是暗藏弦外之音。記下讓你感動或疑惑的句子，和孩子一起討論。

4、角色投影

成功角色為什麼直指人心呢？其背後暗藏觀賞者的渴望與缺憾，觀看片中角色的遭遇的同時，如能反思自身境遇，或許能找到一條前進的道路。

5、電影與夢

「電影」可以在連續的時間軸上，有著不連續的影像，這手法如夢境般超越現實。一場電影如一場夢，看到某些片段會不自覺感動，正是潛意識發生作用。

直到現在我們還是會全家一起去看電影。

6

籌辦孩子的個人小畫展

畫畫是兒童最天真的語彙，
收集孩子的塗鴉畫作，
辦一個小小的展覽，
為成長留下最美好的見證。

繪畫，是美術範疇裡最簡便，也最深奧的藝術。義大利文藝復興時間的達文西是一個博學者，他專精於繪畫、工程學、建築學、天文學、解剖學、數學、幾何學、物理學、動力學，是古今以來世界公認的全方位藝術家。但若他生在現代，又生在臺灣，有很大的機率被歸位在科學家行列，因為藝術家是弱勢，科學家才符合社會需求，才能賺得溫飽。

還好，當時的達文西本人可不這麼想，他始終以「畫家」自豪，他說「畫家是神，他創造了神的形象」。當時的畫家確實靠著觀察、吸納，創造了眾神的相貌，締造了文藝復興的黃金巔峰。

繪畫只要一枝筆就可以進行，而且是隨時隨地都能畫，所以，要培養孩子繪畫的興趣並不難。重點是大人要讓孩子快樂大膽的塗鴉，千萬不要一開始就追求畫的像、畫的好、畫的逼真、畫的完美，甚至還要求加上光影技巧或色彩的變化，才不會綁住孩子的思維，僵化他們的想像空間。更不要把大人腦中的刻板印象，投注在孩子身上，逼著他們依樣畫葫蘆。塗鴉期的童趣，在於線條、色彩、想像，不在像或不像的外型著墨。

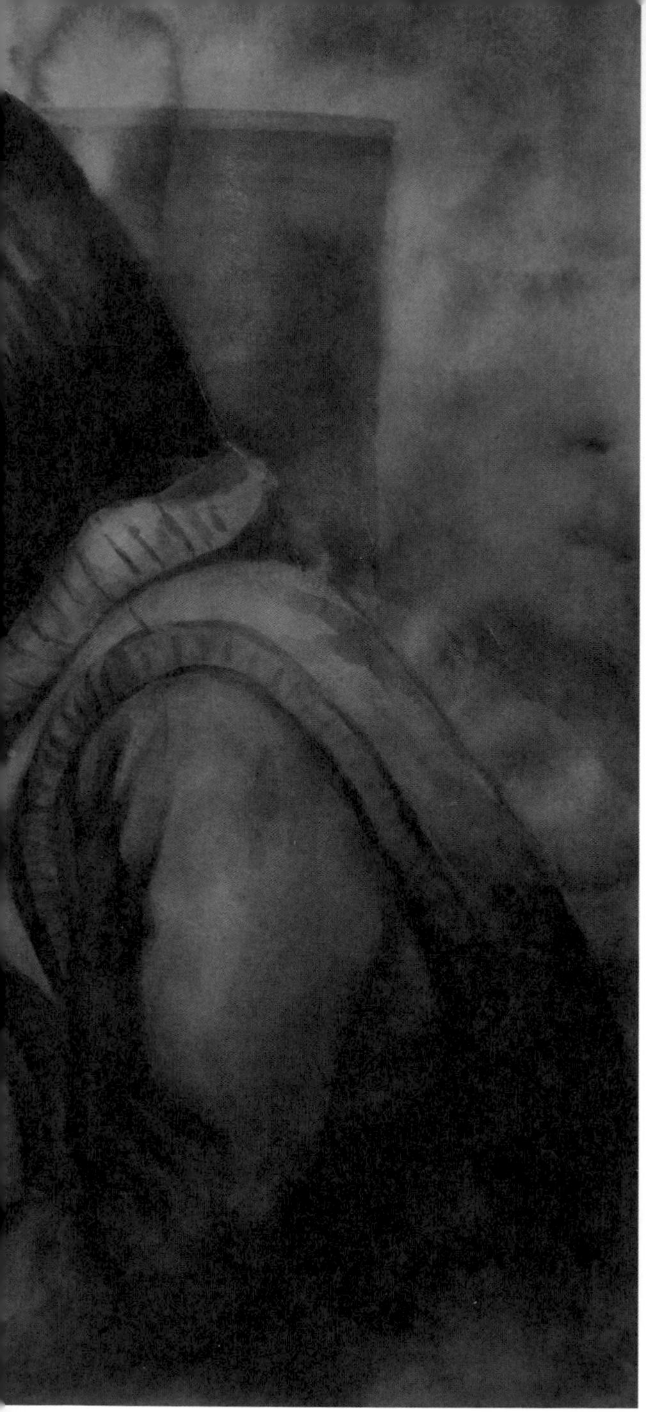

在沐沐三歲時，我一口氣買了一百本《快樂小列車》系列的童書，為的也是培養孩子的藝術氣息。這系列的書中故事搭配東歐風格的插畫，讀起來頗具吸引力，即使孩子大字不識幾個，還是能藉由圖畫輔助，拼湊出故事。

同時，這也是我與太太陪伴孩子共讀或床邊故事最佳讀物。其實，我們家在買書向來不手軟，尤其是給孩子讀的書，我認為一本書只要有其中一段情節或一句話能為孩子帶來好的影響，就物超所值了。

與孩子共讀可以增進親子關係。
讀物若搭配引人入勝的插圖，孩子會更願意也更有興趣去翻閱！
（這是小米高一的畫作）

帶孩子看展覽，也是個方法。從天馬行空的插畫，到古典新興畫派等。買幾本圖文繪本，由圖像引領孩子進入文字世界，或由淺顯文字帶入圖畫的想像天地。我經常帶孩子看展覽，畢卡索、馬蒂斯、米羅、達利、米勒、梵谷、莫內、埃及文物展、兵馬俑歷史文物展、法國繪畫三百年等大型展覽。和世界大師級原作近距離接觸，感受藝術家赤子純真的創意與歷史的宏偉渾厚。

別忘了，收集孩子的畫作。哪怕是隨手的塗鴉也好，都在記錄著成長。如果可能的話，幫孩子辦一場塗鴉繪畫展覽，不用擔心沒有場地，在自己家裡的客廳就可以了。替孩子把創作過程收集起來，可以是塗鴉紀錄，也可以是繪畫創作等，鼓勵孩子親自邀請親戚朋友來參觀，從構想到策畫到辦展，這是溝通、協調、聯繫、表達、創意、主持、組織等能力的磨練。要知道「缺陷美，也是美」，整個過程即使有瑕疵，也是美的呈現。

小米幼稚園畢業時，太太與她一起規劃了一場小型的畫展，她們認真討論邀請名單，阿公、阿嬤、叔叔、阿姨、奶媽、老師、同學……，都是她自己打電話聯絡或當面邀請，還送上母女一起設計的邀請卡。受到媽媽凡事親力親為的個性影響下，小米有樣學樣凡事自己來，這大概也是小米會被幼稚園園長指定當畢業生致詞代表的原因吧。

小米繪畫天分從小嶄露，後續發展自然地往美術領域傾斜，在我們有心安排下，國小、國中、高中、大學等階段都有成果展覽。仔仔在幼稚園畢業辦了「仔仔的塗鴉日記畫展」，沐沐高中時也舉行「Penmore 的異想世界」展覽。對於沐沐和仔仔來說，展覽本來只是記錄他們成長軌跡的方式，期待爾後想起來，能有多點開心特別的回憶。不過，最讓我們意想不到的，是三個孩子至今不約而同都踏上藝術這條路。

替孩子辦一場展覽，是一個階段的成長見證，畫得好壞、辦得如何都是其次，為什麼辦畫展？邀請誰來參加？要與大家分享什麼？展覽前如何規劃計畫？邀請卡與活動流程怎麼設計與排練，才是訓練孩子未來企劃的膽識與能力。長大後，孩子必須獨當一面時，面對大場面就不至於羞澀畏懼退縮了。

美感教養練5功(2-6)

舉辦展覽的經歷和實質參與，是美學演繹階段最深刻的影響。透過看展覽可以進行實際的審美行動，將多元的美學與美感內化、吸納與創新。

1▸參觀畫展

大人不妨把看展當成親子活動，藝術的幼苗將藉此播在孩子心田。從插畫展到各種畫派，從前衛藝術到雕塑裝置、工藝設計、骨董文物等，不需設限。

2▸畫冊賞析

閱讀也可以像在逛展覽。童書或繪本就是特意搭配圖像，引領讀者進入文字世界，同時也是透過文字的訴說將人帶入想像的天地。

3▸客廳沙龍

幫孩子辦一場展覽，展出的可以是塗鴉、文字、繪畫作品。在家裡的客廳辦場沙龍展，這是分享孩子的創作過程，也是記錄他某個階段的成長見證。

4 練習策劃

和孩子一起合作，籌畫一場展覽。這將是孩子第一個企畫的機會，企畫書的呈現不見得是文字，可以是圖畫、影片，或其他想像不到的形式。

5 介紹導讀

創作當下很自由，因為面對的是自己，但導讀是不一樣的方式，因為要面對群眾，要將創作理念述說清晰，需要更深層的看到自己理解自己，並用一般人能接受的模式表達自己。

小米從小就透過介紹畫作練口條，幼稚園畢業時被選為致謝詞代表。

7

吃出來的親子橋梁

吃，是一種溝通的管道，
除了一日三餐以外，
偶爾出外聚餐或野餐，
能聯絡情誼，鞏固情感。

把家人當朋友，就會多一分尊重溝通，把朋友當家人多，則能多一些愛心包容。親子間更需要常常聯誼與溝通。隨著年齡漸大，孩子開始有自己的行程規劃與需要去面對的事。我們家老大沐沐和老么仔仔相差七歲之多，每個人活動時間與學校忙碌的事都有所不同，有時連吃晚餐的時間都湊不起來。那要如何透維持彼此感情，就靠假日的聚餐約會了。感覺如同跟久違不見的朋友，好不容易約出來一起吃吃飯、聊聊天，相聚時刻更讓人珍惜，家人之間不妨也循著這種方式聯繫情感。

聚餐的重點不是餐廳檔次高不高，而是家人間的對話與互動。一個星期找個一餐一起出外用餐，像我們家習慣在假日來個早餐或下午茶約會，來彌補週間的忙碌。我尤其喜歡早餐約會，悠閒自在輕鬆愉快的步調，路上的人車都還未甦醒，正好平衡日常的繁忙，帶來一天的活力泉源。

考量環境舒適度（因為環境好待比較愈久，相處時間就比較長），我會挑選早午餐店。聽著店裡播放的輕音樂，再點上一份早餐，全家人一同開啟美好的週末，也分享一週以來的點點滴滴，可能是有趣或搞笑的事，也可能是瑣碎或私密的事。

其實，人只要常「聚」在一起，就有一股溫暖的力量把心安定下來。家人間沒有什麼祕密可言，什麼話題都可談，不滿心結都可以解開。等待餐點時，可以聊天，用餐時也能穿插一些提議，有了食物當配角，聊起來就不至於太過嚴肅而有壓力，家人的情感也因此凝聚了。更何況還可以讓天天開伙，絞盡腦汁變化菜色的家中掌廚，趁著假日好好歇息。

智慧型手機盛行後，滑世代養成「手機先吃」的習慣，哪怕老闆都告誡要趁熱吃，還是要拍出一張美照才肯罷休。英國小說家李查德說過，「如果你不斷低頭看手機，你不會看到周遭的世界」，真的就是這樣，更何況是邊吃邊滑手機呢？我因此嚴格規定，開動後手機就要收起來，吃飯皇帝大。大概是我與太太都能做到，三個孩子也挺願意配合的。手機收起來了，食物美味又回來了。

郊外野餐是另一種更詩情畫意的選擇。近年來野餐風氣很盛，有很多規畫完善的野餐場地，如果全家人正好能排出一天的時間，不妨就嘗試看看這種方式吧！任性走出城市，離開人工裝潢的餐廳，來一次草地野餐其實很簡單。我們家就常常準備一些小點心與野餐墊便野餐去了。美景配美食配話，真是人生一大享受。

有時，我們乾脆選在全家一起出遠門旅行時，沿途購買地方的熟食或特產，找一塊涼爽有樹蔭的地方，坐下來享受難得的野餐趣味，也省去了觀光勝地總是大排長龍的煩躁。不知是風景美氣氛佳，還是特色美食的魅力，這樣隨意品嘗的食物特別好吃，格外有味。

我們家一個月至少召開一次家庭會議。家庭會議的主要用意，是在解決家裡的大小事務，與分享經驗並提供孩子建議，做為他日後處事的參考方向，更重要的是包含自我檢討，若一個月以來真的有做錯的地方，就要勇於道歉，這是大人小孩都要做到的。一家人相處在一起，難免會出現爭執或意見不合，因而產生碰撞也說不定，不論大大小小的事情，放久了，成了疙瘩，不僅會造成心裡的不愉快，還會累積無形的壓力。這個會議就是希望大家敞開心胸，讓誤會冰釋。對於維持家人的情感，起了重要的功能。

清風輕拂，席地而坐，帶著輕鬆的心情去野餐，家人就是最好的伴侶，一家人面對好山好水，處處好風景，圖像的心靈記憶，永遠深刻在我們的腦海裡，陪伴一生。

美感教養練5功(2-7)

試著柔軟的過生活，懂得紓解緊繃的享受，也是一種美。當然，大人別總是高高在上，要學會漂亮的道歉，柔軟的教養是最美麗的身教。

1▸親子尊重

先把孩子當朋友，孩子才會願意把大人當朋友。親子間的關係像朋友般，任何事情都能彼此尊重，孩子自然會自重自愛。

2▸溝通認可

溝通是傳遞信息、交換意見，以達到共同認可的方式。大人要是高高在上，要孩子有耳沒嘴——只能聽，不能說，這樣的溝通是不公平也不成立的。

餐桌上的交流很多元，生活、禮節、美食都是。

3. 語氣緩急

大事小事都慢慢說就好，孩子淡定從容從此養成。用對方聽得懂的語言進行，強過「你應該如何」「你必須怎樣」的命令。不悅的溝通互動，效果大打折扣。

4. 餐桌教養

用餐應該在愉悅歡樂的情緒下進行，嚴肅的話題最好點到為止，千萬不要愈說愈激動，過於強勢的爸媽，容易讓孩子畏縮而沒有自信。

5. 美食交流

大人小孩一起合作，為家裡的每一個人準備一道喜歡的食物，來野餐吧！邊欣賞風景，邊享受美食，模仿美食節誇張地描述食物的口感。

PART THREE

看勝利女神的翅膀

不僅要協助孩子尋找自信與勇氣的來源，
還要知道家人間放閃所產生的超強凝聚力！

1

菜市場夫人的獨特品味

品味高低與金錢多寡無關，
而是取決於生活態度，
透露一個人因美學修養，
表現的行為，
形塑出層次和趣味。

服飾穿著搭配是人們日常生活中，美的直接呈現，從穿衣服可以看出一個人的審美觀點和個性動靜。家人的穿搭由太太一手主導，太座婚前非百貨公司的衣服不穿，嫁給我這個窮小子後，一手打理家庭瑣碎事，為了節省開銷，衣褲直接在菜市場購買，我都笑稱她是永安菜市場的「菜市仔夫人」。

但菜市仔夫人可不是省油的燈，她是我們家的勝利女神，羽翼輕揚，自在優游於各式衣著，她對服裝的敏銳度高，花少少的錢，買穿搭起來不輸百貨公司的衣服。太太的穿搭品味可不是一朝一夕就養成，高中開始，每逢假日她就會到士東市場幫媽媽（也就是我岳母）賣衣服，所謂「近朱則赤，近墨則黑」，她近美麗者，自然就漂亮囉。

太太是個相當孝順的女兒，別人星期假日忙著逛街約會，她則到媽媽的攤子幫忙。娶妻娶德，太太的個性深深吸引著我，我幾乎對她一見鍾情後，便展開追求攻勢。妻子的笑容燦爛甜美，和藹可親，舉止合宜優雅，總是吸引婆婆媽媽的關注，一些老顧客愈看愈喜歡，還搶著幫她介紹男朋友。只可惜她早已心有所屬，執意要嫁一窮二白的我。

我的女神，勤儉持家。太太認為孩子長的快，總是買大一號的衣服，姐姐穿完，妹妹撿來穿。但他堅持內外有別，貼身衣物，說什麼也要最好的。基於環保概念，也不排斥孩子穿親朋好友送的舊外套舊衣服，因為經過清洗整理後，做點些微的改造，依舊能夠穿出不同的風格。

很多人的穿著美學，常常流於品牌迷失，可能大腦被商業置入行銷過多，而盲目地追求，來滿足個人的欲望。有人則崇洋媚外，喜歡搞怪或刻意裸露，其實，過與不及都不理想。名牌不一定好，也不一定不好，適不適合則要看個性看場合，看樣式看材質，還得考量職業、年齡、身材、膚色等，當然也得看手頭鬆緊，總不好為了買衣服而吃不飽吧！

文學家梁實秋曾說，「藝術的境界乃是一個人整個人格的表現，有關他的氣質、涵養、學問，是自然而然的反映」。擁有美感，怎麼穿就是有味道，路邊攤的衣物穿在身上好像變得有價值，刻意不得。有人雖然專買高檔貨，卻因為不懂如何穿如何搭，怎麼都不順眼。服裝搭配才是學問，穿著合宜就是美，人若找到自己的 style，特立獨行也很美，適合自己最重要，名牌與否倒是其次。

有句話這麼說，「所謂裝扮，並不是把醜變成美，而是烘托出一個人的特殊氣質來」。懂得穿衣服對整體美感有加分作用，不會穿搭就算名牌加身，也像猴子穿衣不像樣。不要太在乎別人的眼光，更不要掉入名牌的盲點陷阱，勇敢穿出屬於自己的品味氣質的個性美吧！

我畫穿梭於市場的太太（黃衣藍褲者）。
她穿的也許不是最漂亮，但她散發出來的氣質，對我來說，絶對美麗。

美感教養練5功(3-1)

自己的品味自己救。在菜市場添購的行頭，也可以穿搭成女神，穿搭是門學問，展現個人各色也是學問。可不是結了婚都只能當黃臉婆。

1▸主導靈魂

媽媽是家庭的靈魂角色，媽媽對於品味的態度，會影響全家的穿搭模式。要記住，邋遢的大人養不出有美感的孩子。

2▸跟上流行

即使結了婚，生了孩子，死會了，還是要關心流行。可以定期翻翻雜誌、滑滑手機，都能有所收穫。流行的元素也是和家裡大孩子交流互動的機會之一呢！

3▸生活實戰

帶孩子走進菜市場、服飾店、百貨公司，邊逛街邊欣賞店家的搭配，訓練品賞衣飾的美感，也讓孩子說說自己的看法吧！

帶孩子進市場，教他們從中尋寶！

4 混搭變化

對於店家的搭配不見得要照單全收、購買成套的服飾，混搭重組可以穿出不一樣的新鮮感，穿出屬於個人的獨特。

5 親子話題

孩子長大對穿搭會更有主見。當他知道爸媽願意在這塊下功夫，他自然會和大人一起研究，交流資訊，這可增進親子關係，父母還能找回青春喔。

2

從過動到運動的小男生

運動增強體力，強壯筋骨，
還活絡細胞，增加身體抵抗力。
更是培養孩子的專注力、
耐力與認真態度的途徑。

兒子仔仔因為看了《超人特攻隊》，深為劇中的男孩「小飛」奔馳的速度所迷，因而愛上了跑步。本來愛賴床的他，開始每天一大早就主動起床，拉著我陪他去學校操場跑個幾圈。運動後，我們父子一起用餐，他的食量明顯增加，吃東西的樣子津津有味。一段時間過去，我們的身體都強壯許多。

小學前，我讓孩子學直排輪。溜直排輪必須全神貫注，可以訓練專注力。有次，仔仔太過猴急，沒繫好鞋帶就下場溜而跌傷。休養期間，他媽媽心想游泳能促進生長激素，且不容易受傷，就讓三個孩子開始學游泳，他們相當熱衷，還獲得紅十字會救生隊認證，也參加過「泳渡日月潭」「泳向龜山島」等活動。

確實，人如果可以培養一、二項有興趣的運動，不僅有助於強筋壯骨，維持健康體態，還能排遣孤單寂寞，做為固定休閒娛樂。運動時，身體會產生多巴胺、血清素和腎上腺素，這些元素可以產生正能量，提高記憶力和專注力，並有效抑制憂鬱躁動等負能量，對於改善情緒有相當大的幫助。愛運動的孩子，體能好，情緒管理佳，陽光健朗，態度積極，提升抗壓力。以上一切都能使大腦更健康，學習效率自然變好。

熱衷游泳的三個孩子，
都通過紅十字會救生隊訓練，
是專業的救生員喔！

仔仔小時長得矮，老是被排在第一排，我擔心他長不高，幾乎每天早上都陪他去永和國小打籃球，寒暑假還幫他報名學校的籃球訓練營。高中時，不用我陪，他自己就很愛運動，又是羽球，又是排球、網球等。打球穿的鞋子磨損很快，但可省不得，和孩子一起挑一雙好穿又好看鞋子，可以避免運動造成的傷害。挑好鞋，是相信專業。雖然說穿搭不用名牌加持，但運動要穿的鞋，我堅持選擇品牌鞋款，多花一點錢，少一點傷害。

利用挑鞋的機會，我和孩子一起認識鞋上的商標設計。愛迪達（adidas）的經典款的標誌是三葉草，代表著奧林匹克更高更快更強的精神，就像花朵一樣綻放榮光。至於，品牌一創立就存在的三條紋，則代表愛迪達不斷前進，不斷超越的運動家精神，蘊含優秀品質與其品牌的未來前景。球形的三條紋標誌更是把運動時尚感體現於系列產品。耐吉（Nike）勾勾商標大家更不陌生了。這源自於古希臘長著翅膀的勝利女神，象徵女神的體態之美與人類勇武的融合。Nike 長久使用的標語「just do it」更讓人印象深刻，成功行銷提升品牌形象——「做就對了」。展現全力以赴的拚鬥精神，藉以建立良好的生活態度。勾勾的「翅膀」是勝利符號，人生的勝利取決於態度，態度決定一切。行動力是最好的實踐。

商標設計要簡單明瞭，要趣味，要吸引人，最好能真實傳達出品牌精神，如人帶給人最初的印象，注入美學的靈魂。Apple 產品的「蘋果咬一口」商標形塑簡潔、優美、創新的意象，似乎與牛頓發現地球引力的蘋果呼應，訴說探索未來的科技精神，果然在手機網路當家的時代，蘋果手機成功站上龍頭地位。學習商標號誌的意涵，讓孩子理解簡單的設計，並不簡單。

籃球是仔仔最愛的運動，兩個姐姐雖然球技普普通通，但也熱衷 NBA 球賽，波士頓塞爾提克、洛杉磯湖人是孩子支持的球隊，小飛俠柯比布萊恩則是他們共同的偶像，我個人則是欣賞籃球之神麥克喬登。孩子曾在我生日時，送我印有芝加哥公牛隊紅黑大牛頭標誌的衣服和帽子。雖然，孩子的球技大概很難達到林書豪的百分之一，但林來瘋的崛起相當勵志，也是充滿正向能量的故事。

仔仔國小畫的自己。
那時的他不只熱愛打籃球，
也愛畫畫與二胡。

美感教養練5功(3-2)

印度詩人泰戈爾說，「靜止便是死亡，只有運動才能敲開永生的大門」。真的沒錯，運動可以激發潛能，訓練強健體魄，是邁向活力健康的泉源。

安全的裝備讓孩子更能安心學習直排輪。

1▸親子運動

騰出時間來陪伴，就是最好的親子互動。大人不必特別強，週末假期抽空陪孩子打打球，或選一項親子都有興趣的運動，有益健康，也有益教養。

2▸挑選裝備

運動服和運動鞋的錢千萬別省。要動的安心安全，還是選擇適合的衣服和鞋子，才能有效避免運動傷害，讓運動的習慣長長久久。

3▸商標設計

教孩子觀察品牌商標，親子一起尋找設計的概念或緣由，思考看看，如何用簡潔的美，來維持歷久不衰的時尚感吧。

4▸關心體壇

除了看精彩看刺激，最最重要的是，親子共賞NBA籃球、大聯盟、世大運等，增加孩子與同儕間的話題，也建立親子間的話題。

帶著孩子到新北市廣場，和市民一起幫中華隊加油。

5▸運動家精神

輸贏不代表一切，學習運動家精神並運用在人生中。教孩子「勝不驕，敗不餒」，即使輸，還是要再接再厲、全力以赴。過程比結果更重要。

3

黑社會老大的接送術

因為原生家庭文化不同，

形塑的個性也不一樣。

教孩子尊重與包容，

學著用愛與幽默化解對立。

「浪奔／浪流／萬里滔滔江水永不休／淘盡了／世間事／混作滔滔一片潮流／是喜／是愁／浪裡分不清歡笑悲憂／成功／失敗／浪裡看不出有未有」一九八〇年代，由周潤發主演的〈上海灘〉所搭配的同名主題曲激盪，自那一刻起，黑社會老大帥勁的裝扮時時在我腦海裡盤旋。

其實，多次獲得影帝殊榮的周潤發，是我跟妻子雅雯的媒人。一九八二年我和雅雯初識後便展開熱烈追求，經過五個月的死纏爛打，她終於答應我的電影約會，殊不知第一次約會我竟然笨到帶她去看以監獄為背景的動作片《監獄風雲》。事後，和友人提起這件事，他們聽了個個大笑，笑我「哪有人約會選看暴力打鬥的電影啦，你頭殼壞去了」。自己想一想，也覺得真的有夠蠢，早已做好八字沒半撇的心理準備了。

沒想到，過沒幾天竟接到雅雯來電。她跟我說，「周潤發很帥。你自以為是的嘴臉，某些角度和眼神跟他有像」。當時，真的是褒是貶不知道。我想著「應該是暗示我很帥吧」，於是心裡一塊大石頭才放了下來。周潤發無形中促成我們交往，而他主演的電影成為我們的話題之一。

二女兒小米剛進入國中就讀時，我一則以喜，一則以憂。喜的是孩子長大了，憂的是她長得那麼小隻，擔心會不會有同學看她好欺負。畢竟，國中階段不大不小處於青春叛逆期，班上同學來自不同家庭不同背景，萬一稍有摩擦衝突，動手動腳的話，該如何是好啊？更何況小米個性坦率，不知道會不會在無意間得罪他人？還有，她如此嬌小可愛，被男同學糾纏怎麼辦呢？

霎時間，周潤發在《上海灘》飾演的許文強，立馬閃入我的腦海，或者我打扮得像《英雄本色》裡的小馬哥或《賭神》裡的高進，再去接孩子的話，應該多少會有一些嚇阻的作用吧！我把想法跟妻子商量，她當時笑到嗆了口水，直說我想太多了，說我為了保護小三大費周章。後來，持續好一陣子，我都穿著風衣、戴著墨鏡，接送孩子上下學。一直到小米嘟著嘴抗議，「爸爸，你這樣很奇怪，同學都在問來接我的那個人是誰」。我想，大部分同學都大概看到我了，也就終止我的護衛任務了。

霸凌事件時有耳聞，而且形式愈來愈多元化。最常出現的校園霸凌，不出關係霸凌、語言霸凌、肢體霸凌、性霸凌、反擊型霸凌、網路霸凌等六種。其中最直接造成傷害的就是肢體霸凌。我不是恐龍家長，我不可能在事件還沒發生前先去警告同學老師，所以我運用「創意」盡可能免去霸凌的可能。太太則對家庭聯絡簿仔細簽寫、出席親師會，並主動與老師聯繫，以了解孩子在校適應狀況及班級運作。

我告訴孩子與同學發生爭執時，先思考事情的爭端為何，再評估是要妥協讓步，還是堅持到底。遇到事情，無論能不能自行解決，都不要隱忍，爸媽是最好的分享或商量對象。當然，身為爸媽的我們，也不會貿然介入孩子紛爭，只是讓他們知道「我們願意聽」，成為孩子最有力的後盾。

人際關係可以是一種美學。對孩子而言，校園是適應群體最直接簡單的方式，透過團體的生活，可以學會與人溝通的藝術，明白自己的角色定位，培養未來在社會上與人群互動的能力。懂得凸顯自我卻不危及團體利益，在團隊中展現戰力，便能加強自我存在的意義。

美感教養練5功(3-3)

人與人之間的關係，沒有優劣好壞之分，只有適合或不適合。懂得尊重他人，避免自我膨脹，就能在群體與個體間找到平衡點。

1 察言觀色

訓練孩子察言觀色，讓他們知道講話真誠但不可過於直白，「一根腸子通到底」絕不適用現代社會。遇上磁場不合者，不需正面迎戰，只要保持距離。

2 勇敢友善

建立在友善之下的勇敢，不會去無故欺凌他人他物或比自己弱小者。灌輸「人不犯我，我不犯人」的原則，被侵犯不隱匿，要懂得尋求協助。

3 情理兼具

告訴孩子講道理要克制，雖然說，有理走遍天下，無理寸步難行，但得饒人處且饒人，寬容別人就是善待自己。

4 廣結好緣

建立同黨同盟，不是要搞小團體，而是穩固友誼。教孩子欣賞同學優點並不吝讚美，以自我為中心，容易樹敵而不自知，因而使自己陷於風暴之中。

5 電影借鏡

親子一起觀賞一起討論，除了引導孩子自主管理，認清黑幫、毒品的可怕，也能從霸凌的危害與影響中，學習如何保護自己。我很推薦〈展翅高飛（If I Had Wings）〉。

透過電影讓孩子學會求救與保護自己。

4

家人放閃的超強凝聚力

感情夠穩固的一家人，
能夠凝聚彼此間的歸屬。
誰說情侶才能放閃，
家人也能把感情公諸於世。

愛不是口頭說說而已，還要具體表現，落實在食衣住行育樂中。常會看到熱戀中的情侶，穿一樣的衣服，似乎表明對彼此的愛，胸前印著「together」就像是一種宣示。我們家也常常用「衣服」來穩固情感，一家人穿著相同圖樣，款式類似的服裝一起出門，表示著「不是一家人，不進一家門」，這對彼此能成為一家人而感到慶幸與開心。

我家剛開始是老婆提議家服概念，她覺得情侶可以晒恩愛，親子也可以晒恩愛啊。三個孩子覺得有趣，也跟著附和。於是，老婆帶著孩子去挑衣服，尋找適合大家穿的衣服圖樣與款式，讓孩子參與其中，藉由彼此交換意見，學習選擇可以讓全家人穿起來都不會太奇怪的衣服。

每個人對於服裝的喜好有所不同，有人酷愛活潑俏麗，有人鍾情個性大方，有人偏好簡約流行，有人又最愛繁複風格。好比我老婆喜歡明亮色系，我則傾向簡單樸實、簡單就好，若能保有現代設計感的低調奢華路線更好，孩子年紀輕，總挑選萌樣設計風的T恤。第一次挑選時，真的絞盡腦汁，花費心思。但因此交流想法，因此撞擊出創意的火花。

除此之外，還要考量到家服會在什麼樣的場合穿著？當時，我們就猜到絕大部分應該會是輕鬆休閒的場合，像是餐會或全家出遊時。一想到和孩子一起約好穿上同樣的衣服，吸睛指數十足外，還會讓人有一種幸福的歸屬感。

要找「家服」並不容易，需要考慮到符合大家喜好度和舒適性，最好還能兼顧藝術與美感。挑選家服的機會，就是培養孩子對衣飾設計的品味。從發現、溝通、商量、拉票，再投票決定後購買，過程就是一種美感教育的訓練。

孩子再大一點，因為美學訓練啟發，開始想要動手設計家服，我想是因為對美學的概念，加上參與挑選的過程，逐漸清楚自己與家人的品味方向。孩子在學校因為美術才華，被委以重任設計班服，在找廠商的過程中，更廣開眼界，接觸到更多設計領域的專業，透過設計一件衣服，對於版型、材質與成本等有更多的認識。

我們家的第一件孩子設計的家服，印有全家人的剪影，還有寵物鬥鬥和Banana的身影，代表著我們的心，緊緊地跟寵物貼在一起。家服彷彿更加堅定了家的認同感，至於愛的服裝，是家人團結凝聚的具體象徵。

穩固的情感像是一條隱形的線，
即使孩子愈長愈大，總有離家獨立的一天，
親子間的關係更需仰賴這條線來牽引。

美感教養練5功 (3-4)

愛要說出來，愛要具體表現。父母可以放閃、親子可以晒恩愛。和孩子挑選代表家人的服飾，可以是衣服外套，也可以是項鍊帽子喔！

1▸赤子真情

爸媽的主導意識不要太強烈，如果總是大人說了才算，關係就不美了。偶爾賣萌耍可愛，找回赤子之心，還能消弭親子間的隔閡喔。

2▸幸福歸屬

親子一起挑家服，相互溝通討論，孩子參與愈深，幸福愈深。家服穿在身上，讓人擁有一種可靠的依賴，這是歸屬感的具體表現。

家裡男生永遠少一票，我與仔仔犧牲色相穿起可愛家服。

3 ▸ 家服展現

家服買了就要約好一起穿，哪怕只是穿去公園運動也好。一年買一套家服不為過，就像一年照一張全家福相片，這可以記錄成長軌跡，留下美好的回憶。

4 ▸ 動手設計

如果老是挑不到適合的服飾，就自己設計吧！以孩子為主的設計，並不是教大人啥都不管，偶爾給點意見，也是必要的。從一件T恤開始，高貴不貴。

全家穿著一樣的服裝出遊逛街。

5 ▸ 穿搭樂趣

注重外表，熱愛打扮，不見得是壞事喔！鼓勵孩子把一點心思放在穿搭上，在流行的風格中，找到屬於自己適合自己的style。

5
大葉高島屋的幸福曲調

幸福曲調得靠全家合作。
不只指揮者要耐心地指引，
演奏者更要全力使為，
這樣一來，就不會荒腔走板。

以前，每個星期日的下午，我和太太會帶著孩子去看外公外婆。我岳父母家在天母，附近有間老字號百貨公司——大葉高島屋，這裡曾是北臺灣指標性購物商場。太太會準備伴手禮給她的父母。但不是花大錢才是孝順，依自己的能力送禮，依對方的需求來選購，這份禮物才能送進對方的心坎裡，自己的真誠才能傳達出去。孩子看在眼裡，自然也理解禮尚往來、禮輕情意重的送禮藝術。

老婆的兄弟姐妹通常有默契地在晚上六七點回娘家。為了不太趕，我和老婆用過午餐後，就會帶三個孩子出門，到天母差不多兩三點。或乾脆提早出門，在百貨地下街用餐。大葉高島屋規模很大，百逛不厭。有時，全家一起行動，事先都說好，互相陪逛，不能不耐煩。有時，我和太太會分工合作，她帶著兩個女孩，我帶著兒子仔仔，各逛各的樓層。偶爾，也會替孩子或自己添購幾件衣物，畢竟總會遇到需要體面裝扮的場合。

除了逛街，大葉高島屋偶爾也會辦些親子活動。我們就曾幫沐沐報名小小模特兒選拔，愛擺 **POSE** 的她，可是在四歲就有走伸展臺的經驗喔。小米一歲時，也參加過寶寶爬行大賽，雖然沒名列前茅，但難得經驗讓喜樂洋溢午後時光。

我喜歡帶孩子欣賞櫥窗設計。櫥窗是流行之眼，配合節慶、季節陳列的品牌商品，透過主題的展示，來主打各季的強銷產品。能夠吸引人的櫥窗設計是品牌無聲卻有力的廣告，衣物飾品透過變化搭配合宜的方式，塑造最完美的品牌形象，並運用視覺聚焦，結合創意流行元素，只為贏得顧客青睞。

櫥窗設計嗅覺敏銳，傳達時尚訊息，象徵的是一家公司整體品牌形象。透過設計色彩學、燈光學，融合雕塑、道具、模型等，逆溯神祕的心理，甚至用神學讓品牌深植人心，變成一種追求的信仰。品牌創造流行風潮，提升產品價值，達到傳播行銷的目的。

大葉高島屋的地下室有個將近兩層樓高的水族箱，是全臺第一座搬進百貨公司內的大型水族箱，儼然是一個小型的海底世界。水族箱中各種魚兒悠游其間，還有固定的餵食秀。每到餵食時間，此起彼落的「哇！」「哇！」「哇！」孩子的眼光全都移不開，驚叫聲連連。當然，這裡的水族箱規模無法與屏東的海生館相比，但在寸土寸金的臺北市區能有這樣一個水族展示箱，無論就方便性或知識性而言，都實在是一種莫大享受。

海底世界像被縮小燈照射，完整呈現在眼前的櫥窗。

有陣子，皮克斯動畫電影〈海底總動員〉中的魚主角「尼莫」，是隻可愛的小丑魚，最最吸引孩子的目光。大葉高島屋把活生生的海底世界，呈現眼前，跟電視螢幕上看到的感覺總是不同。這種海洋世界之美，也為我們日後特地到蘭嶼、綠島浮淺，欣賞真實的海底景色，種下動機。

逛得差不多後，我們會預留一個小時以上，回到四樓的紀伊國屋書店。這家書店有中英日各國書籍，並設有兒童閱讀區，挑高的讀書空間，清新舒適充滿書香芬多精，沉靜在書森林裡，隨意一個翻頁，都在享受難得的閱讀時光。最後在到十二樓的貴賓室休息歇息一會兒，泡杯咖啡或奶茶，等待回天母家族聚餐。

美感教養練5功 (3-5)

逛街可以是一種休閒，或放鬆，或藝術之旅。不只是百貨業者，現在很多街道都充滿藝術氣息，不妨睜大眼睛逛一逛，增添生活情趣。

1、百貨樂園

搭配時序改變布置或設計，可以說是孩子的探索樂園。雖然比起戶外相對安全，但大人還是要隨侍在側，別讓孩子橫衝直撞，影響店家或其他客人。

2、心物平衡

百貨公司若有書店更是個絕佳的遊樂場所。畢竟，不能只是讓孩子的物欲成長，心靈反而成了弱智。有耐得住性子看書的爸媽，孩子自然愛看書。

3、吃貨有禮

美食無界限，訓練孩子當個有禮的吃貨吧！百貨公司開放式的美食空間，可以練習點餐與應對，人多聚餐時，還能趁機教育餐桌禮儀。

4▸感恩回饋

逢年過節禮尚往來，挑選伴手禮也是一門藝術。送禮如何送進心坎裡，不用昂貴高檔的禮物，而是要讓孩子從大人身上看見感恩與惜福。

5▸櫥窗設計

百貨公司的櫥窗，就像一本書一個商品的文案，它是重要的行銷廣告，可以成為孩子培養實體設計感的理想場所。

百貨樂園裡的舒適閱讀空間。

PART FOUR

踏上旅程的探索行動

天地自然萬物，能帶來無限的新奇與樂趣，
用心去觀察，勇敢付諸行動，
放膽展開旅程吧！

1

搭捷運是孩子的練膽初階班

膽子是訓練出來的，
見識則是要多加接觸。
放孩子一個人搭捷運，
是磨練膽識的初級訓練班。

對我來說，男人要有鋼鐵般的意志，才能做些事。比起教養兩個女兒，我對兒子的要求相對嚴格。男孩子要像一頭雄獅，才有能力保護他的獅群。男人則要有狼性，狠狠地盯住一個目標，積極專注，並鍥而不捨，可以孤獨地生存，也可以融入群體，擁有互助合作的精神，肯為團體搏鬥打拚，才有資格領導狼群。當然，更要有「鴻鵠之志」，鍛鍊堅強肩膀。我不是虎爸，只是不希望養出個媽寶。

兒子仔仔從小個子小又非常好動，剛上小學二年級時，透過朋友介紹，讓他到中正紀念堂學武禪強身。武禪算是武術訓練的一種，我並非希望仔仔學了能武功蓋世，而是期待透過這個訓練，來增加他的體魄膽識，順便消耗他的旺盛的體力。尤其要培養的是「武德」。

武德是武術的一切根基，練拳的師父會告戒徒弟們，練武的最終目標是強身，並不是狠勇好鬥，所以「練武，先練心」。因此，練習武禪打拳前，師傅要他們靜坐，雙眼微閉，心思沉澱，為的是去除雜念，讓心靜下來。練武功不是為了耍狠幹架，而是修身養性。有動有靜的訓練，磨練孩子的堅毅和恆心，培養寬容的胸襟和氣度。武術之美靜皆宜，謙卑為懷，受益良多。

那時，我告訴才讀小二的仔仔，我只會陪他去三次。把握這承諾的三次，我帶他認識捷運站周圍環境，然後給他一張悠遊卡和打公用電話的零錢後，就開始讓他自行去教室。當然，我有帶著他模擬可能的狀況，並告訴他遇到困難時該如何的反應與處置。剛開始他媽媽並不贊成我放仔仔獨立，但我總認為沒有嘗試怎麼會知道可不可以。太太有好幾次都偷偷地跟在仔仔的後頭，暗中觀察兒子，或在忐忑不安地等在頂溪捷運站。當兒子完成搭捷運上下課任務，我心裡不得不燃起小小的佩服。其實，讀小三時，我就曾一個人從宜蘭上臺北辦轉學手續，從臺北市敦化國小轉回宜蘭的中山國小。虎父無犬子，兒子果然像我一樣機靈。

捷運新線開通時，總會有一段時間的免費試乘，我和妻子會先去場勘，尋找車站周邊的亮點與特色，搭著捷運就約會去。然後，也利用假期帶孩子捷運一日遊。會鍾情於這種旅遊方式，來自於我和妻子旅遊日本山手線的經驗，一站站的參訪，尋找景點彷彿在尋寶，不僅僅對名勝古蹟留下深刻的印象，過程也是難得的體驗。山手線的環狀路線設計，搭乘方便，即使坐過頭也沒關係，行程挪一下，晚點再踏點就好。臺北捷運雖然不若環狀線便利，但轉乘規劃妥當，就算捷運到不了，還能搭配公車前往等，也算相當便利。

藝術的介入，可以溫暖建築物的美感。好比位於寸土寸金的雙北地區的北捷，增加一些藝術裝置，總是能讓忙碌來往的人感覺些許放鬆。至於，高雄捷運所在位置優勢，在外觀的設計上就能表現相當高的藝術性，好比高雄美麗島站就曾被評選為世界最美地鐵站第二名，站內的光之穹頂一體成型，是全球最大件玻璃鑲嵌製成的公共藝術作品，還成為遊客的打卡熱點。

有時，搭乘捷運或大眾運輸工具，加上「11號公車（用萬能的雙腿徒步）」，的旅行，也能有額外的收穫。像是牽著孩子走在路上，或坐在車上，還能教孩子識字。因為看到就教，仔仔三歲時就認得不少字，看習慣之後，他的識字記憶的能力也變快了呢。

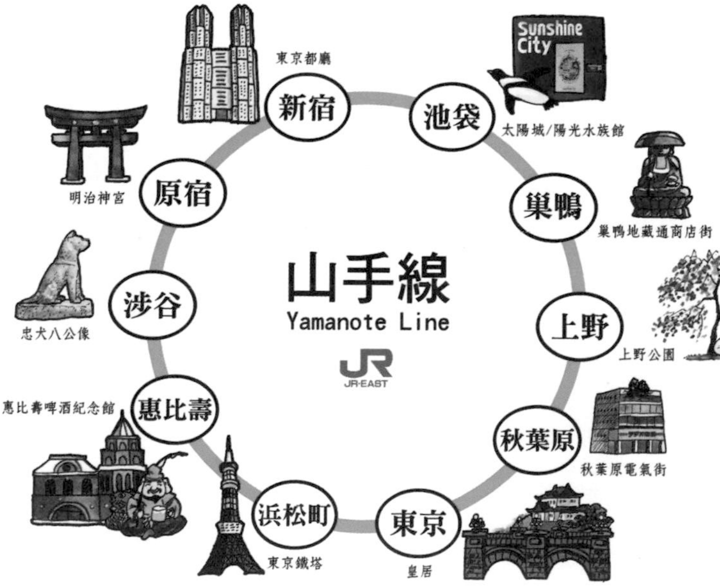

我心目中的山手線不得錯過的十個站。
過去，我與太太常到日本東京自助行。
我們非常依賴搭乘起來簡單又便利的山手線，
每一站周邊都有值得參訪的景點。
（江澐濬繪製）

美感教養練5功 (4-1)

生活中隨處都有美的事物，偏偏人總是過得匆匆忙忙，因而難以發覺美好。不要再為了趕車而忘了欣賞，捷運就是城市美學的窗口。

捷運頂溪站的朱銘創作雕塑藝術。

1 一日遊走

買張一日券或帶著悠遊卡，搭著捷運到處走走吧！可以事先規畫，也可以沒有計畫，不論什麼方式的旅行，都會有意想不到的收穫。

2 捷運美學

從捷運站的造型或景觀到站內的設計或公共藝術裝置，還有車內或月臺的廣告等，都可以是美感教育的教材。

3 狀況處理

在路上車上總是會面臨一些突發狀況。面授機宜叮嚀孩子，增強他的應變能力。當然，乘車禮節也要教育。

4▸孩子規畫

如果是大一點的孩子，就放心讓孩子試試看。由他主導行程或路線，並適時參與與提醒，但盡量別想控制全場，讓他方手一搏。

5▸捷運圖略

生活處處有藝術。透過搭捷運輕旅行，連結每個 moment 小小回憶，再用圖文筆記描述整天的行程，收藏快樂的旅遊時光。

學武禪的仔仔，練武同時也在練膽量。

2

挖掘巷弄裡的小祕密

巷弄藏著許多的驚喜。
矮牆上探出頭來的小花，
紅磚瓦牆與斑駁門窗，
牆縫裡求生存的綠色植物，
等著我們一一發掘。

臺灣從明清經日本統治到國民政府來臺，還經歷了幾次政黨輪替，城市隨著時代演繹，充滿多元的面貌，時局轉變則讓街道巷弄出現矛盾的美感。有些小巷弄仍保有許多老房子，這些瀰漫歷史風味的特色建築，卻隱身在大馬路上現代感十足的高樓大廈後。矛盾卻不衝突的街景，值得探索。

我所住的永和，巷弄複雜素有「迷宮巷」之稱，走起來相當驚喜有趣，但如果孩子年紀小要摸索探尋，大人難免不放心。那時，就讀國一（七年級）的沐沐，跟著一位外語老師Mike學英文，地點在距離家裡有段路的麥當勞。每回下課，我和妻子會接她一起走回家，展開探險之旅。我們會刻意不走大馬路，刻意找小巷弄鑽，沿途發覺巷弄的小祕密，也聽孩子分享上課情形。

好比永和中興街，專賣韓國服飾與食品。近年韓風襲臺，為了跟上潮流，多多少少也要走走開眼界。還有復興街、勵行街，耕莘醫院一帶的小巷子，到通往永和圖書館的豫溪街，書香美食一路飄香，各式各樣的小販隱藏其中。家裡附近有間小小的教堂，假日早晨不時傳出莊嚴聖歌，洗滌城市的躁動。一個陶藝工作室旁的矮牆上，有株吉野櫻，每到春櫻怒放，太太就愛在樹下流連。

過了福和橋，在車水馬龍的汀洲路公館商圈，隱藏著三百多年歷史的市定古蹟寶藏巖，幽靜的環境對比繁華的公館，簡直天壤之別。寶藏巖早先由泉州安溪移民供奉觀音菩薩，後來外省移民搬入就地取材蓋屋，沿著標高八十公尺的虎空山小山坡違章建築居住，層層疊疊、高高低低的矮房子，有如縮小版的小山城九份，形成歷史人文特殊的小聚落。

國際藝術村成立後，藝術家駐地創作，文創藝術活化舊屋，使老地方有了新的活力。《紐約時報》評為臺北最具特色的景點之一，與臺北 101 大樓齊名。寶藏巖可說是臺北都會的心房，地形起伏郵差送信不易，一整排綠色郵筒方便送件取信，還有迷你郵局窗口服務，景觀奇特。

寶藏巖蜿蜒山坡夾雜錯綜複雜的巷弄階梯、紅磚石階、水泥小徑、木棧樓梯，交織成迷宮棋盤。在轉角處不時與藝術相遇，崩壞牆面上有綠色的小植物挺立昂揚，斷垣殘壁的塗鴉壁畫，妝點傾圮毀壞的牆面成了新亮點。隨意拾階而上轉彎處時有驚喜，眷村懷舊氛圍濃烈，一間間藝術家工作室和寶藏家園居民共奏一曲新生命交響曲。說寶藏巖是臺北世外桃源並不為過。

孩子的舅舅在師大商圈麗水街附近開設一家開式複合餐飲，有空時我們全家也去捧場消費。藉著地利之便，順遊了臺北市的「綠寶石」青田街，觀看市定古蹟建築、歷史建物和保存完整的日式住宅群。一棵棵老樹蓊翳，一棟棟日式老房屋，商業畫廊、茶坊、餐飲、小豪宅等，悄然夾雜，所幸老樹蒼鬱連貫整個街區，巷弄新舊和諧不違和。信步漫遊其間，一顆沉靜的心，隨陽光灑落在風中，觀想已故老教授居住宅第的優雅生活態度，時光彷彿回到當年的生活裡，感受到青田街濃郁書卷的文化歷史氣息。

回宜蘭時，我喜歡帶孩子閒逛舊城西路的鄂王社區。鄂王是岳飛被後世追封的官階，宜蘭第一位進士楊士芳召集當地仕紳蓋了全臺第一間岳武穆王廟——碧霞宮。後方的楊士芳紀念林園山丘上有一座盪鞦韆，小孩最愛跟媽媽搶著盪，盪啊盪的，盪到光大巷的巷弄尋幽探古，走訪潘家百年古厝和古井。文化部以藝術介入空間，再造西鄉情藝社區，懷舊時光走廊，百工傳統匠師共同打造舊時行業躍然鑲嵌於牆上，行行出狀元，一張由磁磚彩繪的〈西勢大溪水文圖〉訴說宜蘭建城的歷史遺跡，繼續前行舊時屠宰場豬灶改建而成的宜蘭縣福利館矗立眼前，

紅綠相間不俗的建築，順著津梅棧橋通往視覺開闊綠意青青的宜蘭河畔。

穿梭巷弄，尋找生活美學，尋常百姓人家真實生活其間，都會生活居住不易，如何在小小的生活空間，享受小小的綠意，人生不是只有新銳豪宅，小空間也能有滿滿的創意。

宜蘭鄂王社區的光大巷一隅。
走一趟鄂王社區，彷如看見歷史痕跡。

美感教養練5功 (4-2)

住宅周邊也能成為挖掘驚奇的小世界。在安全無虞的情形下，不妨和孩子一起結伴探索，把巷弄美學與建築物之美收藏眼底。

1. 復古風情

北部有許多老巷弄，充滿時代軌跡。如大稻埕周邊的老城區，探訪老店鋪的同時，也收藏了建築、文化的美。周圍住商併存共榮，別有風味。

2. 特色市集

愈來愈多為保存特色建築而興起的文創市集。如北部四四南村、松菸文創，桃園多肉植物市集，臺中的彩虹村等，在在展現廢棄空間再利用的藝術氣息。

3. 巷弄再造

當舊的街區再造，可望恢復昔日繁榮。如鹿港小鎮保留先人足跡的九曲巷、桂花巷、摸乳巷，結合信仰中心呈現庶民文化的興衰。

4▸隱藏美食

充滿懷念滋味的隱藏版美食常常躲在小巷裡。不論是特色咖啡店、眷村滷味、傳統市場料理或異國料理等，都很值得去品嘗。

5▸低調藝廊

不必堅持要去多數人推薦打卡的知名巷弄，隨意走訪不知名的巷子，搞不好能在科技當前的城市裡，看見歷史的長廊。

老陳牛肉麵是我們全家吃了十幾年的隱藏版美食。

3

在最高學府 看見最高藝術

校園尋奇，開展孩子視野。
學校不只是知識殿堂，
更充滿著有歷史的建築物，
讓人不自覺地徜徉其中。

臺灣大學是全國第一學府，和永和僅有一水之隔遠。我們夫妻喜歡帶孩子去校園走走，有時一逛就是一個下午。位於新生南路與羅斯福路交叉口的臺大正門，是座石造窄門。這座石門已經快九十歲了，是臺灣處於日治時代（西元一九三一年）建造的臺北帝國大學校門。由於歷史悠久，結構精良，設計頗具特色，在一九九八年五月被列為臺北市的市定古蹟。

進校門的右側是〈傅園〉，這是為了紀念位臺大樹立學術典範與自由學風的第四任校長傅斯年所建的。周圍環境肅穆而幽靜，仿希臘風格的神殿建築，讓人忍不住多看幾眼。傅斯年的骨灰安置在〈斯年堂〉的石棺裡，供後人景仰追思。椰林大道中段的〈傅鐘〉，遷移前是豎立在〈傅園〉的門口，風聲中依稀可以聽到昔日上下課敲響的二十一響鐘聲，傳達了自由思考的精神。

因為歷史悠久而被列入古蹟的臺大校門。
地緣關係，臺大校園是我們家休閒郊遊的選擇之一，
進入這座石門之後，孩子可以探險一整天！
（仔仔高中時的水彩作品）

校園裡，更是綠意盎然，滿滿樟樹、龍柏、流蘇，漫步林蔭間，清風徐來，舒緩快暢。長達六百公尺的椰林大道，兩旁的大王椰子樹挺立，崢嶸迎向天際，如同天之驕子的臺大人，在各個領域的傑出表現。

椰林大道的盡頭是圖書館，入口拱門以柱式雕飾成門廊，氣派非凡的山牆與圓形拱窗，營造高敞明亮的空間，充滿莊嚴典雅的學術氣息。行政大樓走折衷主義路線，屬後期文藝復興的古典風格。文學館被列入市定古蹟，瀰漫濃厚的人文氣息，雖然外觀呈現代簡約風格，變化不大，僅在梁柱及門窗上裝飾巴洛克的古典花樣，但加上窗臺下洗石子處理的雕塑，仍充滿裝飾性的美感。

臺大內的新舊建築並存，洞洞館牆面鑲嵌琉璃筒瓦，圈圈洞洞的建築別有中國建築融合現代樣式的趣味。五〇年代的大建築師張肇康先生設計的農業陳列館結構嚴謹，中西美學相融而創新，在當代建築界有現代中國建築胚胎之稱。

每年三月臺大會舉辦杜鵑花節，這個活動成功引起話題，算是一種行銷方式。校園內杜鵑花爭妍鬥豔，粉紅、雪白、豔紫、正紅，嬌色鮮嫩，燦爛迎春。緊接著流蘇初綻，四月雪繽紛怒放，堪稱臺大最美麗的季節。戲劇館前有兩株流蘇樹皆已高齡七十好幾，可以說是全臺種植流蘇的母樹來源。校園處處有流蘇，枝椏上開滿穗狀白花，像是皚皚白雪，又像一朵朵棉花糖，微風輕拂，雪花紛飛，行走其間，有種在北國的詩意。

「瑠公圳水源地」生態池是仔仔最喜歡的地方。他總是彎著腰觀察池裡蝌蚪、青蛙、烏龜、魚兒、鴨子、紅冠水雞，運氣好的話，還能看到駐足岩石的鷺鷥、蒼鷺、夜鷺，偶爾還有掠過的喜鵲、翠鳥、伯勞鳥、斑文鳥、五色鳥等。生態池成了仔仔觀察自然、昆蟲、鳥類的教室。兩姐妹愛上宏偉的生命科學館，在挑高的迴廊中追逐，踩弄光影做遊戲，斜面造型的設計，新穎而氣派。

太太則偏好樸素自然的臺大農場與紫藤花盛開的漂亮廊道，那裡還有蓬萊米之父的磯永吉作業室「磯永吉小屋」，及臺灣首座環保節能會呼吸的房屋「臺大綠房子」，綠房子兼具生態、環保的居住功能。我呢，喜歡繞醉月湖散步，望著湖中湖心亭，企盼自己不盲目跟隨潮流，方能挺立天地間。校區老房老樹與新樓新屋混搭，透過青綠樹木點綴，新舊和諧，傳統與革新並進。

一進校園，我與太太就呈現半放生狀態，讓孩子各自去玩。當太陽逐漸下山，我們會依約到〈鹿鳴廣場〉前集合，然後大家分工合作，去準備下午茶，姐妹花雞排、小木屋鬆餅、臺大農產展售中心的冰淇淋和冰棒，順便到便利商店買幾包可樂果、多力多滋等零食，當然，還要有人在用餐區看守，真的是人多好辦事，三個孩子恰恰好啊！

面向寬廣草坪，坐在木椅木桌野餐，看向共同大樓前的三株松樹，悠閒伸展的姿態，不正是顯示我們慵懶的模樣嗎？滿足了口腹之欲，偷得浮生半日閒，過個馬路到公館商圈，買一杯滿負盛名的陳三鼎。等待夕陽緩緩西下，踩著落日的餘暉歸賦。

在古典現代融合的校園裡，
我們席地而坐，品嘗著小點與藝術。

美感教養練5功
(4-3)

大學是培育人才的重要搖籃，很多大學文化歷史都相當久遠。以下介紹五所我非常推薦的大學，不妨趁著假日，帶孩子走走看看。

1、臺北藝術大學

北藝大依山而建，放眼望去都像置身偶像劇場景裡。除了在草坪上奔馳、放風箏、遛小孩或寵物外，還能喝下午茶，看看學校養的兩頭水牛。

2、新竹清華大學

清大校地廣闊，老樹參天，綠意盎然。我最愛成功湖的如詩如畫，散步湖畔猶如置身杭州西湖，這裡也是我向太太告白成功的紀念地。

3 臺中東海大學

除了人盡皆知的思路義教堂外，東海腹地廣，還有牧場。文理大道上兩邊建築左文右理，有著濃濃的日本氣息，中段半圓形的「時空膠囊」更具特色。

4 臺南成功大學

成大歷史悠久，校內幾棟質樸古建築被列為古蹟，值得親自到訪。此外，最難以錯過的是榕園之王——百年老榕樹，這也是國泰集團的代表標誌。

5 花蓮東華大學

東華大學是花東縱谷裡的學術殿堂，被稱為全臺最美的大學。歐式建築物像是一張張明信片，青山環繞的校舍使人著迷。

綿綿無盡的臺大椰林大道。

4

令人著迷的單車巡禮

捕風捉影的最佳方式，
就是騎著單車，到處走走。
因為前進的速度剛剛好，
不只眼前世界看得清楚，
還能享受微風輕拂的舒服。

二〇〇七年有部引起廣泛討論的電影《練習曲——單車環島日記》，劇中男主角講了一句讓人深刻的話，「有些事現在不做，一輩子都不會做了」。導演陳懷恩透過聽障大學生阿明七天六夜的單車環島過程，串聯十二個人物的故事，以半紀錄式的方式，反映臺灣庶民文化的真實況味，更造成臺灣的單車熱潮。

二〇〇八年，我應邀前往屏東科技大學開〈東風再起〉油畫個展，展出一百二十幅畫作。和妻子開車南下參加開幕茶會時，沿途所見，盡是騎單車的人。有單騎走天涯，有三五遊騎，也有浩浩蕩蕩二十多人的車隊，心中欽慕之情油生。返家後，立刻和妻子各買一輛折疊單車，開始了我的單車小折日記。一篇篇的旅遊文章，都記錄在部落格裡，有三百篇之多。

一有空，我們就會往最近的河濱公園騎，穿過水門經由河濱公園，往右騎向永和社區大學溼地生態教育園區，跨越秀朗橋到清溪公園，經中安橋騎往陽光運動園區，位於新店的陽光橋彷彿一把琴弦斜立空中，鋼索吊橋由五個拱圈支撐橋面，鋪出音符冉冉飄飄於新店溪上，天色昏暗時，陽光橋夜間光雕時刻閃亮開啟，陽光瞬間轉換月光。

有時候，也會直接騎向碧潭，沿途會經過寵物公園、攔河堰、涵洞，最後抵達碧潭吊橋。午後清風飄然，不時傳來陣陣歌聲，街頭藝人的現場演唱就是一場場小型的個人演唱會。另外，可以在渡船口搭擺渡船到對岸新店渡口文學步道走走，也可以前往和美山遠眺，再繞回碧潭吊橋。當然，這不會是一次玩遍，分段分時騎乘才有樂趣。

福和橋河濱公園向左騎經過永和綠寶石河濱公園，走新店溪左岸往光復橋逕地賞鳥，這條路線騎起來比較天然，不時可以觀賞到鳥兒覓食的蹤跡。有一段沙灘地尚保有較原始的菅芒草叢，兩三公尺高的菅芒隨風飄搖，有一種蒼茫蕭瑟的感覺。流浪狗在草叢裡找到安身之處，也躲過捕狗大隊的追捕，許多愛狗人士選在這餵食，聰明的狗兒也習慣跟人和平共處。

一路上，有個相當奇特的景觀座落在抽水站附近，在克難簡易的棚架上供奉著許多落難神像，一問之下，才知道這些全是清潔隊所拾獲的。據傳是臺灣六合彩正盛行之時，損龜者惡意丟棄的結果。大概神算不如人算，祂們大概沒有算出自己會淪落在廢棄場的命運。

我家女生（太太和兩個女兒）不喜歡太累，最好輕鬆騎過福和橋，從引道下公館水岸樂活廣場，再向右慢行景美溪車道。那裡與新店溪僅有一水之隔，但整頓地較好，騎起來舒服快活。這條路通往我的母校世新大學，我總央求太太與孩子一起到學校繞繞，再轉往景美夜市品嘗小吃。由水源地向左騎，則會行經古亭一帶，到馬場町紀念公園，那有許多人放風箏。再往前騎便是華江雁鴨自然公園。時序入冬的話，沙洲溼地上鳥影飛蹤叫人驚豔，吸引不少愛鳥人士駐足。

我和太太特愛一路騎到大稻埕碼頭，順便前往迪化街晃晃。那有船隻開往淡水、八里，岸邊整排攝影愛好者，個個卡好位，準備捕捉黃昏的霞光彩雲。晚風輕拂，彩霞滿天，一身疲憊，盡拋腦後。我也曾和兒子仔仔挑戰永和淡水兩地來回約七十公里的體力戰。騎完回來時，累得像一條狗，呼呼大睡。

騎車前，記得準備相機手機捕風捉影，畢竟岸上岸下各有風光，人與自然和諧共處，值得留下永恆美好的回憶影像。騎車活絡筋骨，不能光說而不練，有想法，沒做法，成不了氣候。看看「法」這個字，不就像是把三點「水」豁出「去」拚了的美學行動嗎！

美感教養練5功(4-4)

臺灣很多地區的河濱自行車道的設施或規劃都相當完善，騎起來相對安全舒適，很適合親子共遊，一同追風。

1、了解路況

騎車兜風，安全第一。部分自行車道難免會有施工，所以可不是直接衝了再說。而是應該先上網做做功課，了解路況，也能看看順路的景點或美食。

2、租車嘗試

現在腳踏車租借很方便，大可不必破費買車，也不用刻意選個多遠多困難的路線，就從交通方便的市區開始吧（幾乎每個捷運站外都有UBike可以借）。

很多區域自行車道規劃完善，租自行車也變的便利許多。

3▸追風美景

追風應該是一種享受，而不是壓力，可別一路衝到底，分段分時才能輕鬆上手。更何況河濱公園總有許多生態風光，值得駐足欣賞。

4▸攝影紀錄

智慧型手機與相機逐漸普及，利用鏡頭將美景捕捉下來，可以延續美麗。攝影技巧也許就是在這樣的情形下，逐漸精進的。

全家一起追風，更有衝勁！

5▸夜騎體驗

擔心白天豔陽高照，會變黑會太熱，不如嘗試看看夜騎吧！夜騎的涼爽會讓人上癮，不過沒有陽光助陣，照明配備要準備齊全點。

5

輕旅行串起的美麗時空

把旅行和藝術做連結，
看起來是追尋美景與美食，
心靈同時享受豪華盛宴，
織出美麗的心情與感情！

「世界是一本書，不旅行的人只讀了一頁」，我很認同羅馬帝國末期哲學家奧古斯丁說的。旅行可以開拓視覺美感，但並非得去到多遠，在地輕旅行就能開始。翻開世界這本書的第一頁，應該是自己居住的土地，讀懂讀熟讀會了，再繼續翻下去，進一步探索世界的奇妙。然後，閱讀下去。

現代人的生活忙碌，趁著假日來趟輕旅行，有助於舒緩緊張，撫平壓力。新興的旅遊景點不同於以往，各式風格應有盡有，文青、復古、懷舊、創意，最近體驗手做的風氣漸漸展開，尤其適合親子同樂。讓孩子動手實作，並不是期待能產出多精緻成熟的作品，重要的是製作過程中與藝術家、專家，還有親子間的互動，既新鮮又充滿樂趣，更有助於美學素養的養成。

新北市的鶯歌有「臺灣景德鎮」之稱。位於江西省的景德鎮，產瓷的歷史非常非常的久遠，聽說是從戰國時代就開始了。無論傳言是真是假，鶯歌能與景德鎮相提並論，也不難看出鶯歌的重要地位了。鶯歌的陶瓷老街可以體驗玩陶的樂趣，賞陶、捏陶、玩陶的活動規劃，不只讓鶯歌成為一個有趣的小鎮，也讓更多人可以了解當地文化。

參觀完鶯歌陶瓷博物館，還可以到陶瓷藝術園區玩沙、戲水、拍拍照。二〇〇〇年扛著「全國第一座陶瓷專業博物館」的招牌，肩負起提昇鶯歌形象、重振地方產業的使命。博物館建築主體由灰色清水模鋼骨結構和大片玻璃帷幕形構而成，行走其間陽光迤邐延伸，彷彿交錯於虛實時空。陶瓷的文化巡禮與精密陶瓷工業的介紹，著實讓人大開眼界，可以說是臺灣陶瓷史的縮影。

二〇一〇年時，鶯歌陶瓷博物館和遠雄建設集團聯手舉辦三鶯陶瓷馬賽克拼貼大賽，以「拼出臺灣幸福力」為主題，徵選一百幅馬賽克作品。入選後的馬賽克作品，僅需帶著圖稿到現場，透過主辦單位準備的材料來進行複賽。馬賽克作品主要是利用磁磚來創作，而磁磚又是構成家居建築的小元素，而家是最幸福的地方。馬賽克磁磚的圖騰彷彿能鑲住全家的幸福，獲選的作品還能被展示在長度一・二公里的三峽藝術大道上。

太太把仔仔虎年做的一張畫《福你旺》拿去徵選，幸運的獲得主辦單位的青睞。我們全家騎著畫中的小老虎，參加了這難得的馬賽克藝術大會。現場有許多家庭共襄盛舉，也創造了最多人數一起拼馬賽克的金氏世界紀錄。當時，全家人分工合作，手忙腳亂地亂貼一通，不像別人的圖稿是經過詳細的電腦計算與切割，精密計算色塊需要幾個馬賽克磁磚，圓弧的地方還先用機器切磨，拼貼先後井然有序。

我們的圖稿是仔仔的隨手塗鴉，很難精確地剪貼顏色和磁磚，不過，只要顏色相差無幾、形狀大致符合，自在隨興的發揮，反而更貼近藝術的自由性。最難得的是，全家一起手做藝術的經驗。參與的本身就是幸福意義，恣意隨興的藝術美學，可能是家庭關係的接合劑，融合成永恆的堡壘——家。

桔籽樹之語說，「旅行，是探索世界的開始。手做，是收集幸福的記憶」。藉由旅行的見聞將記憶裡的美感，帶到現實生活中。從旅行出發，看見美麗的亮點串起的時空，肯定能成為生命中最美好的時光。

製造全家一起手做藝術的經驗。
這個作品被保留在三峽藝術大道，
是我們一家五口共同創造的幸福。

美感教養練5功(4-5)

手做的感覺就是不一樣。在這機器當道的工業4.0時代，動手做一件屬於自己，與眾不同，獨一無二的作品，每個人都可以是大藝術家。

1▸輕淡漫遊

輕裝便捷，輕鬆上路，漫漫而遊，迤迤而行。不用大包小包，準備超級齊全，或度地期待目的地可能的人文景色。自在的出遊，說不定有驚喜發現。

2▸捏陶體驗

泥土觸感可以刺激人類手指的神經活化，而且幾乎沒有孩子不愛玩沙。捏陶創作不僅可以活絡身心，還可以把作品保留下來。

3▸感情加溫

和孩子分工合作，創造彼此共同的故事，不僅作品值得收藏，回憶更是。參與的本身就是意義，成品的精粗與否，倒是其次了。

4▸告別煩囂

煩囂與忙碌只會讓人愈來愈沉重。邊騎乘單車，邊看著景色向退後，邊拭去心鏡上的灰塵吧。放下負擔將使人頓悟：生活裡，什麼才是最重要的。

5▸課程推薦

宜蘭「港邊社區彩繪石頭」。鶯歌「江漢清畫陶工坊」免燒浮雕和鎏金陶版畫。南投「龍南天然漆博物館」漆器DIY。臺南「甘丹．創新」木工教學。臺東「原社手創生活館」串琉璃珠。花蓮「桔籽樹手做藝術空間」。

小米小二時在畫陶工作坊創作的陶浮雕作品。

6

放空才能描繪眼前世界

寫生能讓心沉靜下來。
相信自己的眼睛，
好好看看這個世界。
不怕麻煩的話，
拿起筆來畫出眼前景色。

人間處處是美景。唯有睜開眼睛才能看見。
有人把美景留在腦海裡，有人用相機記錄，
我們家則選擇畫下來。

旅行的美學視野，應該是一種放空的學習行程，「空」了才能重新裝載能量，藉著天地的靈韻，尋找心靈的平靜。在旅途中找尋平和，有助於整理舊有煩躁的思緒，開嶄創造無限的眼界。對我而言，旅行的目的在於吸收精華，吸收新事物，帶著一顆謙卑的心去旅行，像海棉吸收水分，去端詳一張張陌生的臉，觀看一幕幕前所未見的風景，去認識一種種別具特色的人文模式。接觸多了，接納的能力跟著提高，將能包容各種不同的想法與觀點。

社會存在不同的樣貌，不同的階層，不同的思維，不同的文化，透過旅行來體驗不同人生，培養大氣美學態度，學會尊重他人。熱情融入當地生活，再冷靜抽離，才能觀察真實的面貌。我喜歡帶孩子暫時離開舒適圈，尤其是他們畢業的時候。畢業是一個階段的結束，同時是新階段的開始。

孩子畢業時，我會單獨帶著他們出遊。那是我們之間的畢業旅行，就兩個人，我和一個孩子。仔仔國小畢業的旅行，我帶著他騎著小折環北宜濱海一圈。小米高中畢業時，我們父女一起到宜蘭自助旅行。沐沐大學畢業時，我開著車和他一起展開環島之旅。這些旅程都在為孩子打開一扇扇美的窗口。

其實，因為和仔仔騎小折畢業旅行，我和太太冷戰了一個星期。太太表示：騎小折！有沒有搞錯啊！行李和裝備放哪裡？你們真是天才父子。但已經答應兒子，實在無法打退堂鼓，還好在我把計畫說清楚後，太太終於點頭放行。

一路上，我耳提面命「小心安全」，再加上出了市區後，車輛少了，交通順暢許多，我特別提醒仔仔，高速騎乘時煞車務必要慢慢煞，以免煞過頭，整車翻覆。偏偏這小子精力充沛，騎得飛快，還嫌我老人家慢吞吞，要我趕緊跟上。我被遠遠的拋在後頭，殊不知在坪林某一路段時，騎在後頭的我聽到「嘎－」的刺耳聲響，趕緊加快腳步往前騎。還好，仔仔站的直挺挺地跟我揮手示意，只是小腿有點小擦傷，唯一的損失是水瓶，整個變形破裂。確定人車平安後，我安撫安撫仔仔，便往預計的休息處前進。

到了休息的地方，我邊處理他小腿的傷口，邊尋問事情經過。原來是路旁突然有一隻松鼠衝出來，加上又處於下坡路段，想閃可能會衝出邊坡，只好趕緊煞車，避免壓傷松鼠了。雖然同意孩子的做法，但看他受傷也不免碎念幾句，只希望他能記取教訓。慶幸的是，接下來一路順遂。

孩子的媽總是說我「假借是給孩子的畢業旅行，行玩樂之實」。我承認，這真的是原因之一，總得編個冠冕堂皇的理由，給自己放個假。不過，這樣的旅行收獲也不少，因為多了單獨相處的時間，更能了解他們的想法，一方面增加親情關係，一方面增廣見聞。

法國啟蒙時期思想家孟德斯鳩曾經這樣說，「美必須乾乾淨淨，清清白白，在形象上如此，在內心中更是如此」。我完全認同。帶著一顆赤子之心去旅行就好，不要有預設立場，不要有刻板印象，拋開偏見，拋開刻意，唯有單純放空的心思，才能細微感受美的脈動與呼吸。跳脫熟悉的生活環境，離開自己習以為常的場域，去除慣性習氣，比較有機會對自己做全面性的思索觀照。

寫生是我們親子旅行最常安插的活動。寫生是一種觀察能力的訓練。快速立即的生活步調，使人們喪失體察的能力。攝影照相雖然能快速取得影像，但視野侷限只能照單全收，除非透過後製技術，否則沒辦法進行比較、取捨、安排。寫生則可以去蕪存菁，留下最美的景象，透過長時間的觀察，經由腦的重組，再藉由手將其重新表現出來。

我家是「藝術家」，要孩子拿筆開畫不難。但其他家長可能會有所疑惑，「我又不是畫家，怎麼寫生，怎麼教孩子，怎麼一起進行」。我想用畢卡索對他五歲就開始學畫的女兒說的一段話來解釋。畢卡索告訴女兒，「妳是創作者，妳覺得好，就是好。若妳覺得不好，那就是不好。妳對自己創作的觀點，才是最重要的」。只要懂得用眼觀察，用心感受，願意拿起紙筆、畫下去，才是最要緊的。初學者不妨使用色鉛筆寫生，攜帶也方便。隨興一點，想太多就不敢下筆了。

唐朝藝術家張璪說，「外造師化，中得心源」。確實，外在的模仿自然，經由內在篩選過濾，重現自然。寫生的「生」著重於從生活中去觀看體察，而不是呆板的抄襲重現。藝術著重意境表現，而非表象。

我們一家常到石碇旅遊。石碇真是個百玩不膩的好地方，不見天街、百年石頭屋、山豬石、打鐵鋪、摸乳巷、集順廟，還有當地的建築、街道、河床、老榕、美食等，都值得一一品味。石碇老街以石砌橋墩的萬壽橋分東西兩邊，東邊通往挑戰級的皇帝殿登山口，西邊走向健行級的淡蘭古道，還有入門級的烏塗溪溪畔步道，適合各種不同體能的遊客。

有時候，就在石碇西街隨地而坐，開始寫生了。雙腳泡在岸邊溪流裡，描繪著眼前美景，觀看蒼鬱樹木上共生的紫蘇，房子下僅僅靠著幾根柱子撐起的吊腳樓特殊建築景觀，游魚在清澈溪流翻轉身影，潺潺溪流走在青綠山巒間。畫下一幅幅美麗風景，而家人並排而坐也是一幅幸福的美景。

旅途中的寫生可以有大概方向，但不須有細節規劃。風景會變，碰到的臉孔會變，遇到的問題會變，旅行的目的會變，心情感受也會變，這都很難按部就班，照著預定計畫來設想。放掉計劃，搞不好會有更驚奇的發現。藝術大師羅丹說的話，值得深思，他說「美是到處都有的，對於我們的眼睛，不是缺少美，而是缺少發現」。睜大眼睛，放空腦袋，去旅行吧。

一個人善於用眼觀察，看盡天地靈性美好，歸納整理吸收內化為己用，成為美的創造者。那麼即使未來面對再難堪、再醜陋的現實或情況，都不至於影響平和的心態，而能從容面對，欣然接受一切。美妙處理每一個當下，享受每一刻下的美好與哀愁。

我們在石碇隨興而坐，隨興而畫。
把自己想像成創作者，覺得好的就是好的。
別想太多，想多了，就不敢下筆了。

美感教養練5功

(4-6)

放空自己，試著帶著一顆謙卑的心，就出發去旅行。學著尊重當地文化與習俗，是美學教養的基本功。

1、享受慢活

不要趕著上路，不要為了踏熱點而匆匆忙忙。目的性太強的旅行，只會累上加累，失去了休閒放鬆的意義。

2、深入當地

吃喝玩樂之餘，更要深度了解當地的文化。入境要隨俗，尊重當地民情禮節，別用既定觀點隨意衡量他人的生活方式。

帶仔仔環島時，我們常常一坐下就畫起來。

3 ▸ 旅途寫生

鼓勵孩子多塗鴉，因為童真的眼界看出去的跟大人不太一樣。爸媽跟著畫也不錯，如果不想畫，就在旁邊陪著，看他畫，當個小助手。

4 ▸ 放下3C

沉溺於３C裝置的爸媽，不論是在工作在娛樂，無形中都在告訴孩子「我的世界只有手機」。這樣做的話，孩子的世界裡，也不會有你。

5 ▸ 必須嘗試

好奇是驅動探索的能力，帶著驚奇的眼光看世界，會讓人大開眼界。凡事都合理化，人生的樂趣總是少了這麼一些些。

7

守護鄉里的藝術與力量

傳統宗教建築物與慶典，
涵蓋相當多的文化，
兼具藝術性、心靈性，
與民俗性、生活性，
值得我們好好探究一番。

寺廟建築是臺灣文化景觀裡重要的一環，臺灣人熱情寬闊、包容和諧、敦厚善良、樸實信仰，形構成一種堅實的文化底蘊，這都要歸功於良善的宗教力量。全臺廟宇的數量高達一萬二千座，每個縣市幾近有六百座之多，幾乎村村里里都有其代表性神祇，日夜守護著鄉里土地。廟宇和臺灣人的生活息息相關，艱困的移墾生活經驗裡，疾病、地震、風災是島民揮之不去的夢魘，民眾徬徨無助時，廟宇成為凝聚人們心靈信仰的中心，藉著神佛慈悲地撫慰淨化，安度生命裡的危疑困頓。

欣賞廟宇可以從格局與彩塑裝飾著眼，看向剪粘、泥塑、交趾陶所構成華麗脊飾的天際線氣勢。再細細品味抱鼓石、石獅子、龍柱、壁飾、雕刻、彩繪、木雕、壁堵、御路、石埤、匾額、聯對和神像。好比鎮瀾宮看起來沒有大廟的恢弘氣勢，但空間設計得宜，讓人可以自由出入，且空氣流通，不致於因為香煙而難受。

人來人往，進進出出，焚香叩拜，祈求過火，每個人都以自己的方式，選擇與媽祖更親近。此外，鎮瀾宮右側廟牆上還有雕塑大師朱銘創作的三幅銅質浮雕〈神農大帝〉〈觀音大士〉〈八仙會〉等作品。可惜的是，這些藝術瑰寶，因為周邊的攤販擺設而無法觀看到全貌。

仔仔小四剛開學，遭逢學習生涯第一次嚴重挫折。原本在校表現尚可的他，卻被級任老師釘得滿頭包，只因上課太愛講話。除了要罰抄「我以後上課不講話」悔過，連難得的下課十分鐘，也要罰站，時間竟長達三個月之久。仔仔臉上的笑容愈來愈少，他不再與我們分享學校大小事。每天聯絡簿都密密麻麻，寫的都是孩子在校種種不適應的情況。我們也因仔仔過動傾向積極就醫，並期待與老師做最密切的溝通，當然，也做了最壞打算「轉學」。這段時間，孩子的媽不知如何是好，天天以淚洗臉。我雖然很擔心，卻秉持樂觀：這世上不少傑出人士，兒童時期都飽受過動之苦，搞不好仔仔長大能有一番大作為呢！

我這樣想，問題還是存在，為了讓太太別再為此感到希望渺茫，我便帶著她和孩子到臺中散心，順道前往鎮瀾宮參拜。我們家對神佛不是超級虔誠，但道教信仰仍被視為寄託心靈的方式。之所以會去鎮瀾宮，是聽說「鑽轎下」可以一掃霉運，既然都到了，就姑且一試。一到進到廟裡，就看見眾多善男信女虔敬地膜拜，嘴裡還念念有詞。我買了一件上頭印有Q版媽祖的T恤，學著旁邊的阿婆過香爐，祈求菩薩讓身為爸媽的我們，能陪著仔仔一起走過難關。同時，告訴仔仔「『舉頭三尺有神明』，表現好的話，媽祖也會看到喔」。

奇蹟出現了。仔仔被告狀次數愈來愈少，升上五年級後，還遇到一位有愛心的級任老師，不只對他的過動症給予更多體諒與包容，還讓他能發揮長才，拿下不少的獎狀。像設計海報、閩南語朗讀、書法、水墨畫等，課業成績也不至於荒廢。雖說偶爾依然調皮搗蛋，但仔仔已恢復信心，朝未來邁進。

為了還願，我們全家出動。參加大甲媽祖〈駢臻百福・媽祖遶境〉最後一天的行程，並幸運地遇到中壢朝明宮回駕桃園的神轎，孩子們終於圓了「鑽轎下」的心願。這趟更見證了陣頭文化，與信仰的力量。繞境活動創造了一種文化觀光財，可以算本土相當重要的資源。臺灣依海為生，媽祖融入儒、釋、道思想，跨越宗教鴻溝，將民眾緊緊相繫，有句話說「三月瘋媽祖」，生動描繪了媽祖信仰的盛況。沒有親身來一趟繞境之旅，無法體驗箇中滋味。現場看見臺灣人的熱情、包容、和諧，與敦厚、善良、樸實，形構成一種堅實的底蘊。媽祖繞境由報馬仔在前開路，隊伍綿延好幾公里，幾乎看不見盡頭，方圓五公里內更是香客雲集，場面壯觀。從大甲鎮瀾宮起駕，到新港奉天宮駐駕，經過四個縣市後再折返，路程長達三百多公里。沿途民眾自發性的提供溫熱食物、飲品和酸痛貼布等，供信眾取用。甚至有居民還開放住家讓人盥洗或休憩。

最後一天，人潮湧進大甲，馬路旁站滿信眾，爭睹回鑾。從凌晨四點多起床，一直等到晚上九點多，才盼到「鑽轎下」的機會。不過，也許興奮過頭，我竟忘了許願。這趟旅程處處驚奇，第一天搭火車前往清水火車站報到，和一位阿嬤閒聊，才知高齡快八十歲的她，三十八歲起就年年參加繞境。即使到了這把年紀，仍在兒子的陪伴下參加。雖然因安全考量，不走最後一段，但會有兩個孫子接力完成。好比文化傳承，一棒傳一棒，一代接一代。

世界三大宗教盛事，一為天主教梵諦岡的聖誕彌撒，二為穆斯林麥加的朝聖之行，三為大甲鎮瀾宮媽祖神轎遶境活動。不論是否為媽祖信徒，有機會的話不妨帶孩子體驗一趟，看看臺灣宗教民俗特有的陣頭文化，以宏觀的視野觀察，透過八天七夜的徒步進香，十多萬人參與的浩大，令人忍不住驚嘆。

各處廟會活動，各有其特色，
陣頭文化與信仰力量值得親眼欣賞。

美感教養練5功 (4-7)

不同信仰有不同的殿堂，在靜態的模式下，可以淨化心靈。實際參與宗教活動，則是透過動態方式，感受民俗文化。到以下這些地方看看吧。

1、寺廟走春

春節假期長，時間充裕，建議可以到寺廟走春，祈求好運，也感受年節氛圍，像是行天宮、龍山寺、保安宮、法鼓山、祖師廟等，都有特別活動。

2、元宵祈福

每逢元宵節各地活動更多元，像是野柳神明淨港文化祭、臺南鹽水蜂炮、臺東炮炸寒單爺、平溪天燈節等，都頗具獨特性。

一直以來，寺廟文化是庶民的心靈寄託。

3、五結走尫

宜蘭五結鄉利澤簡走尫是流傳兩百多年的慶典，近來還結合文創市集、逛利澤老街踩街、戲劇表演等活動，吸引外地遊客前往，我們家也是年年報到。

4、金馬遊蹤

想要順便旅行、去遠一點的話，不妨考慮離島金門。尤其推薦「尋訪風獅爺」的活動。感染古樸的風氣，深入鄉里添加不少趣味回憶。

宗教不只是信仰的傳承，更是建築藝術的延續。

5、親近佛法

宗教過於嚴肅就不容易接近。我們全家曾到過佛光山旅遊，發現區內處處有小沙彌的雕像，模樣逗趣，吸引孩子注意，他們當然不覺得無聊。

PART FIVE

好宅的居家美學觀

誰說宅男宅女不好，這搞不好是愛家的表現。家人之間的相處模式，偶爾也需要美學來滋潤。

1

心態好哉 在哪都像住豪宅

家要有安全安心的圍牆，
才能保護住在家裡頭的人。
我家算不上豪宅，
但因心態好哉，愛就存在。

正如烏拉圭前總統穆希卡所說，「物質並不會帶來愛。貧窮的問題，不是在於物質上的缺乏。重要的是我們可以一起分享人生」。家就是分享的起點。「金窩，銀窩，不如自己家的豬窩狗窩」，因為親情讓房子再小再簡單也會變得溫馨可愛。少了情感的布置，豪宅充其量也只是個比較寬敞的監獄罷了。

因為愛，讓我們放心分享生活。因為愛，讓我們哭泣歡笑自如。在這個精神堡壘裡，人人都可以得到安慰，養足精神，再去面對外頭的冷酷與挑戰。無論受到多少的委屈，受到多少的挫折災難，家總是最溫暖的地方。家是一個讓我們休息，給我們能量的避風港。

我家不大，二十六坪不到。公共區域多採取開放式的設計，減少多餘的隔間，似乎也避免掉惱人的隔閡。當時，我還特別訂做一組單排式的沙發，減少市面上三件式沙發的制式擺設，吃掉本來就不怎麼大的空間，因此我家客廳看起來頗為寬敞舒適。臺北居住本來就不容易，加上三個蘿蔔頭長得很快，孩子的房間安排也是個問題。姐妹倆住同一個房間，利用上下鋪來爭取空間。兒子仔仔則住在和室，床與地板共用讓房間多點可以走動的地方。

小小的空間卻有大大的幸福美滿。
在這個精神堡壘裡，人人都可以得到安慰，
養足精神，再去面對下一個挑戰。

身為老爸，其實很慚愧沒辦法給他們較大的臥室。臺北房價實在是高的嚇人，房價動輒兩三千萬。有幾次想換房子，都因為口袋不夠深而放棄。一九八五年，我剛從竹林路搬到中正路四六五巷，那時人口稀少，入夜以後靜得可怕。二〇〇八年後，有間閒置的紡織廠，改頭換面，搖身成為二十二層樓的防震鋼骨大樓。無奈只有九十六坪和一〇六坪兩種規格，總價半個億的價格，我想這一輩子再怎麼努力也高攀不起。

與其望屋感嘆，不如轉換念頭，每天看著氣派的豪宅，心裡也跟著舒爽起來。雖然，有時也會閃過一個念頭，「不曉得住豪宅的那些人，看見我家好窄，感想如何」。果然「看豪宅，心好哉」，豪宅主人享受的同時，我也在享受著啊。「房間小感情才好，客廳大氣度才大」是我的住居哲學。所以，我家不只孩子的房間小，主臥房也沒大到哪裡去。所以我們的起居活動，幾乎都在客廳或餐廳完成，因此所有的人的生活影像，都映在眼簾，增加了互動與對話，氣氛也更加熱鬧。要是房裡設備太齊全，孩子搞不好一天到晚上都躲在房間裡，以為正在用功念書，搞不好神遊千里國度，萬一網沉迷於網路世界，跟家人的接觸恐怕愈來愈少，這才是真正令人頭痛的問題。

「臥房要小」的道理就更單純了。住在一起，天天見面，感情再甜蜜，都難免意見不合，但不論夫妻還是手足還是親子，最好是能床頭吵床尾和，講清楚說明白之後，睡一覺煙消雲散，和好如初。大概也是空間小，動不動就遇上，逼著雙方只好趕緊解除警報吧。要是房間大到不像話，不知道會冷戰多久。

平常雖然各忙各的事情，我們還是習慣待在客廳或餐廳。在餐廳的角落放置一臺音響，時刻都在播放音樂。整個公共空間充滿旋律，有著這種閒情逸致，不必再擔心孩子整天掛網。有時，一杯咖啡，一本好書，一個安靜的角落，就可以消磨一個下午。就像是心靈元氣補充站，帶來極大的修復能量。太太做菜時，最愛撥放鳳飛飛的歌，不慌不忙地優雅地烹飪。

周末假期全家一起看電視，在我們家是很平常的事。不論是一起全神貫注地看電影，還是搞笑的綜藝節目，都行。重要的是，讓家裡的人擁有共同的生活經驗，共同的話題，這樣互動起來，就不怕尷尬或沒話題了。家不必大，有愛就好。家庭與房屋是不同的概念，有愛的家就是豪宅。房屋的大小無法決定幸福與否，家人的親暱才是幸福的元素。

美感教養練5功 (5-1)

與其追求豪宅別墅，不如追求一個安身立命的居所。試著用愛當磚牆，用心蓋大房，充滿情感的空間，不論大小都讓人有歸屬感。

1▸走出臥房

家長要以身作則，不到睡覺時間，就都處在同一個空間。不需要規定孩子一定得做什麼，想些活動來增加親子互動就好。

2▸用心經營

有句話說，「一個美麗的家庭並不能對你發生作用，除非你有一顆美麗的心」。心，需要灌溉，欣賞生活中美的事物就是一種練習。

3▸講究擺飾

溫暖的窩應該要有溫暖的布置。凌亂骯髒的環境，誰都不想多待一分鐘。花點心思在擺飾上下點功夫，讓家變成人見人愛的地方！

4▸客廳氛圍

客廳擺設盡量簡約，多利用邊角空間，讓起居室寬敞、好活動。放點音樂來柔化界線，營造舒適無壓的氛圍，滿是溫馨與快樂。

5▸現代書房

家裡若有多餘空間，不妨規劃一間電腦室，開放上網的時段，控管3C產品使用時間。防止大人孩子不致沉迷網路，也多了一個親子共處的空間。

2

家人是一生的情人

無論在外風浪多險峻，
受到多少的委屈與挫折，
家總是給人最大的擁抱。
只要有家人陪伴，
一生都不會孤單。

太太是我永遠的情人。
我們經常安排屬於兩個人的約會。
因為如此而有了數不完的回憶，
回憶讓已過世的她，活在我心中。

家人是一生的情人。情人節，就是家人節。每年二月十四日的西洋情人節由太太籌畫，年中的七夕情人節則由我接手。從西方到東方，再由東方到西方，戀家一整年。這個傳統在仔仔還沒交女友前，都一直維持。只有一次例外，那年是我與太太結婚二十二周年，三個孩子祕密訂了燭光晚餐，還給了我們臺北一〇一觀景臺和晚場電影票，為的就是讓我們夫妻有單獨約會的機會。當時看著孩子在卡片上寫的「愛在一〇一，你們是唯一」，實在讓我動容，至今難忘。

我永遠的情人是太太。我常告誡孩子媽媽是家裡的老大，所有東西都是媽媽給的，因為爸爸我只是一個鄉下來的窮小子，唯一做對的事，就是娶了她。夫妻同心，從無到有，有了一個幸福的家。我們家向來小事由媽媽決定，大事我決定。至於，什麼是大事什麼是小事，要由媽媽決定。對每個家庭而言，母親都扮演重要的角色，決定了幸福與否，更是孩子最直接的學習範本。作家三毛曾說，「愛情如果不落入實際生活的穿衣吃飯中去，便不能天長地久」。確實，夫妻間的相處智慧，在婚姻裡更是清楚呈現。經營一個家，並不容易，過程中酸甜苦辣鹹，應有盡有。夫妻互欺，也互棲。偶爾鬥鬥嘴，可能增加生活樂趣，彼此相依相棲，奮鬥的目標全充滿了意義。

夫妻如此，親子更是。孩子出生前，誰都沒有做父母的經驗，只能盡量包容，給他們滿滿的愛。有「愛」的孩子，將無「礙」人生挑戰。但萬萬不可愛過頭，在溺愛中長大，難免以自我為中心，得不到想要的或無法滿足時，容易無理放肆，覺得「千錯萬錯都是別人的錯」。父母互動方式會在無形中影響孩子。

住在家裡的人，有各自該負的責任與義務，總不可能永遠都是一個人忙到焦頭爛額。好比我們家每天晚上的家事安排，太太負責洗衣服，姐姐沐沐專職掃地、妹妹小米整理浴室、弟弟仔仔洗碗筷、我負責去追垃圾車。有時，孩子會挑食，青椒不吃，茄子不吃，但不喜歡不代表不用吃，我乾脆就把這些「被嫌棄的菜」分成五份，人人有份，大人小孩都逃不了。我知道，講營養均衡、身體機能都沒用，大人以身作則，孩子才會跟著做。

當然，我家也不是時時刻刻都這麼美好。三個孩子還是有不美的一面啦。三個孩子其實就像一個小型的社會團體縮影，吵架是難免的，意見分歧、爭寵搶食、獸性爆發，畢竟「人不自私，天誅地滅」。這時，父母的態度很重要，「公正」的原則是基準線。

我不怕孩子們吵架，我認為小時候吵，長大感情自然好。我甚至允許孩子氣頭上時大聲，即使吵到「暴青筋」。只要不口出惡言、人身攻擊，或鄰居來敲門抗議，我都可以接受。但絕對反對他們暴力相向，動手就是不對，我不容許發生，要是因為孩子撒嬌而退讓，長大後可能變本加厲，拿武器相殘。

不過，要是爭吵太嚴重，我也不會袖手旁觀。首先，我會要求他們暫時閉上嘴巴，面對面站著，並問問來龍去脈，試著緩和情緒，讓他們靜下來多想想，最後會要他們抱在一起，思考解決的方法，想到才允許鬆開手。對我而言，擁抱是處理紛爭的美學，是教孩子在平和的情況下，解決問題的一種模式。對手足無法容忍之人，遑論孝順父母、友善親友了，還可能被養成一頭怪獸。

孩子小時，抱在一起，兩分鐘不到就笑出來了，事情解決了大半。若問題嚴重（一樣看孩子表情就知道），我和太太會分別開導。當然，最後一定要來個愛的抱抱，我們家沒有隔夜仇。孩子大了，自然懂得循這個模式去處理爭端。有次，我聽到姐妹雙方嘴巴講個不停，正想開口問，小米便搶先說「我們只是鬥嘴啦，這是我們的相處模式，不要看得那麼嚴重，好嗎」。看來，孩子真的長大了。

身為爸媽，態度很重要，言行舉止更重要。孩子學習對象就是父母，夫妻相處與互動，孩子都看在眼裡。但哪對夫妻不吵架呢？我始終相信「深呼吸，降三度」，氣性和了，音量低了，心情靜了，自然能找到處理方法。有次，沐沐受了委屈嚎啕大哭，當下我問或勸都應該不會有啥好結果，於是，我立刻拿個盤子，端在她的下巴旁，鼓勵她「用力哭」，等眼淚把盤子裝滿，就比較不難過了，結果她破啼為笑。幽默也是一種方法。

對孩子吵架置之不理不好，過度干涉或憂心也不好，否則表面和平只是暫時，埋下的將是下一次的火爆，還可能一發不可收拾。大人不要太公平，太公平讓孩子更計較，家是講愛的地方，應該沒有競爭，就像五根手指頭長短不一，做爸媽的要學會欣賞孩子的優點，挖掘潛藏的可能性。

再大的船都不可能始終漂流在大海，
一個讓人安心的港口，是最好的依靠。
家人之間良好的情感聯繫，才能打造一個溫暖的避風港。

美感教養練5功 (5-2)

不是一家人，不進一家門。爭執是暫時的，家人是一輩子的。記住瓊瑤說過的，「愛是世界上最大的魔術，往往能化腐朽為神奇」。

1 ▸ 情商身教

夫妻不可能不吵架，但盡量不要在孩子面前過於激動無理。倘若控制不了自己的情緒，如何培養孩子的EQ。

2 ▸ 新的思維

大人不要偷懶，老用「孔融讓梨」「大讓小」來處理孩子間的糾紛。孩子會摸索和手足的相處模式，父母硬要介入只會讓局面更難收拾，加深芥蒂。

3 ▸ 手足合作

想些事情讓孩子做，邊做邊學合作的重要。透過合作他們也可以增加互動與溝通的機會，更了解彼此，感情更穩固。

4 幽默化解

無法規定孩子們都不准吵架，永遠的相親相愛可能是假象。試著在安撫時添加點幽默，這是一種極具智慧的化解衝突法。

5 傾聽藝術

聽孩子的抱怨，不要急著下指導棋。有時，孩子只是需要有個地方可以發牢騷。大人不要做假設性評論，好好聽他說，撫慰孩子的情緒。

聽孩子講話，就是聽。不需要急著用經驗教育他。

3 全家泡湯的機會教育

我們全家常常一起去「泡湯」。
不僅促進血液循環，
還能舒壓解勞，神清氣爽。
此外，更是教育好機會，
尤其針對孩子都好奇的性教育。

我們一家人都喜歡泡溫泉，經常利用假期去泡湯。其實，泡湯有時會就直接是我們度假的目的。像我太太前前後後去了日本十三次，有很大一部分的原因，就是泡湯的吸引力。她最喜歡溫泉水停留在肌膚上的那個時刻。泡溫泉能促進血液循環，還能舒緩身體壓力。全臺各處名湯幾乎都有我們的足跡，不過，泡來泡去還是最喜歡礁溪。自從雪山隧道開通，我和太太更是常利用周間、孩子還沒放學時，去礁溪一趟，先騎小折、走登山步道，然後再去泡湯，疲憊煙消雲散。

在孩子懵懵懂懂時，全家坦誠相見，面對生理上的差異，孩子指指點點、問東問西，是再正常不過的事。聰明的父母剛好可以機會教育。我不敢說我多聰明，但關於性的教育，我認為愈小開始愈好。

我家孩子還小時就問過「我從哪裡來的」。一聽到這個問題，我也是態態語塞，但要是敷衍帶過，又覺得不是那麼妥當。於是，我盡量把正確的知識用他們可以懂的語言傳達，「因為爸爸跟媽媽很相愛啊，有一隻小小的精蟲奮勇地衝刺奪冠，而驕傲地與媽媽子宮裡的卵子結合」。我發現，當我不隱諱，用正確名詞去解釋時，孩子長大了、性意識萌芽後，會以比較健康的態度去面對。

有次，還在讀小學的仔仔回家就說，「每次上課老師提到性器官時，全班就會笑成一團，還一直在底下竊竊私語，我真不知道這有什麼好笑的」。一個人的性觀念愈成熟，性行為就會相對保守。反之，對性知識一知半解的人，可能會因為好奇導致性行為過度開放，甚至造成很多遺憾的事。我們家從來不忌諱去討論關於性這檔事。我們教孩子認識自己的私密處，並建立他們「唯有自己或未來的另一半才能碰觸」的觀念，其他人都不能藉故去觸碰，連自己的爸媽也不例外。所以，貼身衣褲要自己洗，因為那是個人最親密的伙伴。

偶爾，冬天太冷，冷到懶得出遠門，就在家用檜木桶裝熱水，再加上一些泡澡湯包，或用茶葉、牛奶，有時候，就滴一兩滴精油，就可以泡湯。甚至還耍浪漫的準備了些小蠟燭，丟幾瓣玫瑰花瓣去洗玫瑰花浴。我們家一直都是全家一起洗澡的，一直到國一時，第二性徵明顯後，孩子

才開始拒絕跟爸媽一起洗澡。爸媽應該要當孩子性教育的啟蒙導師，而不是期待著他們到學校就會教，或更消極的認為「他們長大自然就會懂」。

我也試著用藝術的方式，來教孩子認識異性的身體，期待孩子發現身體的美，進而懂得去珍惜去保護，而非把身體（裸體）負面化，用暴露、噁心、骯髒、羞羞臉來形容。其實，希臘神話或歐美畫作裡，經常表現人體之美，之所以稱得上美，很大的理由來自於自然的形象。肌肉線條可以結實強勁，可以豐腴飽滿，可以纖細骨感，姿態變化萬千，光影下的膚質色調充滿美麗的力量。

人不用長得像金城武、林志玲，才算得上帥哥美女，懂得看重自己愛護自己欣賞自己，自然形成風采氣度，舉止間流露溫文婉約的優雅，是做作不來的。去除衣著的束縛，從練習用正常的眼光，欣賞肥環燕瘦的身體之美吧。

泡湯讓性教育變得比較不尷尬，孩子都開口問了，就勇敢的教吧！

美感教養練5功(5-3)

教孩子「認識自己，欣賞自己，珍愛自己，做身體的主人」，性教育方式很多，爸媽不避諱，教起來自然不尷尬。

1、態度要練習

用輕鬆但不輕浮，淡定但不忽視，正經但不嚴肅的態度，告訴孩子「每個人的身體，唯一的主人都是自己」。

2、搭配藝術品

從欣賞平面的繪畫，到觀摩立體的雕塑等，透過藝術品傳達出來的美感，帶著孩子關注人體之美。建立「認識自己的身體，並不是害羞的事」的觀念。

當孩子學會身體權，就懂得維護身體的隱私。

3 選對好時機

在我家，洗澡是教導孩子認識身體的最好時機。當孩子好奇舉手發問時，請記得把正確知識用他們能理解的語言傳達。

沒時間不是好理由，真的想泡湯，在家就可以了。

4 保衛身體權

大人不可能隨時陪在孩子身邊，能做的是教會他保護自己。不只要教孩子保護自己的身體權，也要教他尊重別人的身體權。

5 新聞模擬題

透過新聞事件或相關電影，和孩子談談生活中可能存在的性騷擾、性侵害、性暴力等，並「討論一旦遇上的話，該如何應對」。

4

養寵物的生命美學觀

對寵物要像對待人一樣。
養寵物是在訓練責任感，
也是一種品行教育。
在飼養寵物的過程中，
讓孩子被陪伴，也學著陪伴。

養寵物可以培養小孩柔軟的性情，保持赤子的稚氣純真，對道德品行教育也有些許效果，更可以讓孩子從中去重視與尊重生命。除此之外，也是讓孩子學習承擔責任的好機會。寵物應該是朋友是家人，並不是物品更不是財產，父母與孩子都要一起努力做功課，才有資格進入飼養寵物的領域。

某年中秋節前夕，實在拗不過孩子的請求，便答應讓他們養狗了。我跟孩子約定養寵物「『心』法則」，包括「熱心」「愛心」「耐心」。千萬不能只負責玩狗，而把清狗窩洗澡等麻煩事丟給爸媽。孩子興奮地討論著，要幫「新家人」取什麼名字。那天，天氣下著雨，小狗縮在小紙箱裡，微微地顫抖著，於是我們決定幫牠取名為「抖抖」，但大概因為念起來拗口，叫了幾次就變成「鬥鬥」了。

「養寵物」是生命教育的一種方式，不能衝動，不能只有三分鐘熱度，對寵物的習性更要深入調查，花時間陪牠。寵物會老會醜會退流行會生病會死。不是有愛心或喜歡就好，堅持與毅力相對重要。寵物不同於玩偶或布娃娃，要當家人般照顧，還要包容可能的錯誤與不聽（人）話。考量孩子當時都小，講再多大道理他們也不能都懂，於是我用最簡單的方式告訴他們，「就像爸媽養你們一樣，把你們當成心肝寶貝」。很多人養寵物是一時興起，等潮流過後馬上棄之不顧，這是不道德不負責的行為。

鬥鬥住進我們家後，就好像多了一個小孩。牠最喜歡吃蝦味先，只要把蝦味先往上拋，就能現場欣賞一場跳接，與快狠準的咬合動作。畫室裡的學生幾乎都不怕牠，喜歡和牠玩耍，也會餵牠吃東西。我在畫畫時，鬥鬥最喜歡依偎在我身旁，享受著我右腳的按摩力道。傍晚，孩子放學的第一件事，就是搶著陪牠玩耍、散步，和我們形影不離。當然，有好玩的，也有不好玩的，像是「撿黃金」這件事。一開始，三個孩子也不停嚷嚷「好臭」「好噁」，到後來習慣成自然，成了「狗奴才」。養寵物是培養公德心的一種方式，也增加手足合作的機會。

什麼樣的人，養什麼樣的狗。我喜歡無拘無束，對三個孩子也不特別限制或要求，可能因為這樣，孩子對寵物的態度也是如此，不只不讓他待在狗籠，也盡量不給牠上鎖鍊，而是讓他能行走自如。不過，也付出幾次慘痛的代價，曾經被車子擦撞倒地，還好照X光後確定無大礙。

每逢假期到河濱騎腳踏車，也帶著鬥鬥。人的速度當然比不上狗，鬥鬥總是一狗當先，還會在最近的交叉路口等候我們的指示，有時，牠停下來喝水，換我們領先，只是不一會兒就會被追上。河濱單車道上演的是一幕幕「人追狗，狗追人」

的戲碼。不過，牠十歲那年的春天，我們帶著牠去大稻埕騎自行車，鬥鬥依往例跑在最前面。等我們都看不到鬥鬥的蹤影時，就真的再也找不著了。接下的兩個月，全家人幾乎每天沿著當天的路線找，仍無功而返。

一收到鬥鬥不見的消息，小米的情緒最是激動，天天在家裡附近喊「鬥鬥」，希望能因為呼喚，讓鬥鬥找到家，只是卻一次又一次的失望，還為此瘦了兩公斤。沐沐雖然看似平靜，卻總是蹙著眉頭，我曉得她想念鬥鬥，只是沒有直接說出口。仔仔更因為少了鬥鬥，活力減弱了許多。很多人都建議我們再養一隻「鬥鬥二世」，但即使取名為「鬥鬥」，也不是原本的鬥鬥了，有些事物永遠也取代不了。一直到現在，鬥鬥仍在未知的世界流浪。我們雖然逐漸從傷感中平息，與牠的珍貴回憶依然揮之不去。甚至在牠走失半年後，還為了慶祝牠十歲生日，辦了《鬥鬥回家吧！》的畫展。

此後，全家人有了不再養狗的默契，只是少了寵物，家好像缺了一塊，後來，我們決定養鳥。由於太太很喜歡的一個卡通人物叫崔弟（Tweety），崔弟是一隻黃色的金絲雀，大大的一雙眼睛配上橘色的嘴巴，可愛的模樣讓人不得不愛上。

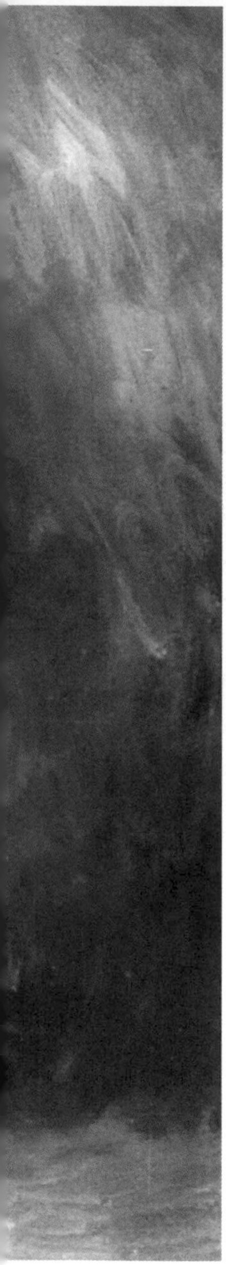

愛屋及「鳥」（烏）情況下，我們先養了一隻金絲雀，因為羽毛顏色接近香蕉，就叫牠 Banana 了。接著，又加入綠繡眼 Kiwi（羽毛顏色像去皮後的奇異果），虎皮鸚鵡 Sky（羽毛顏色像晴朗天空）和 White（羽毛顏色像雲朵）。搭配上門口的小花圃，那陣子每天都是鳥語花香，好不熱鬧。

好景不常，某年寒流來襲，我們將鳥籠移到室內過夜，想說這樣 Banana 比較暖和，豈料猖狂的鼠輩竟然把牠給咬傷了，發現時已搶救不及，為此孩子傷心不已。但告別需要學習。孩子第一次面臨寵物的死亡，驚慌失措是絕對的。大人要告訴孩子，這是任誰都不願意意外發生，但既然不幸來了，我們就要勇敢接受這個事實，面對當前其況，盡力善後。溫馨的回憶，可以將牠的生命，永遠留在我們的心坎裡。即使萬般不捨仍要為寵物善終，我們替 Banana 辦理「花（樹）葬」，葬在畫室前方的小花園裡。說也奇怪，隔年四月，花圃裡十多年沒開花的鳶尾花，竟然開花了，我們都在猜這可能就是 Banana 的化身吧！每年鳶尾花開的季節，牠嘹亮的鳴叫彷彿又出現左右。

和我們當了十年家人的「鬥鬥」。
鬥鬥為我們家增添了不少生命力，即使現在的牠不知到哪去了，
我們之間的回憶依然非常美好。

美感教養 練5功 (5-4)

生命週期有長有短，生命在於承擔、陪伴與關懷。要是住居環境許可，這是生命教育與責任培養很棒又很直接的一種方式。

Banana。

1▸責任養成

讓孩子知道寵物就是家人，要養就要照顧、陪伴和教育。養成孩子負責任的做事態度，讓他同步用在課業、工作與待人處世上。

太太也是愛狗一族。

2▸接觸動物

到動物園遊玩、觀賞動物頻道或相關節目或閱讀書籍等，有助於讓孩子喜歡動物，了解動物的本能或觀察寵物的習性。

3、嘗試飼養

別貿然就養狗養貓。讓孩子從最簡單的開始，養蠶寶寶或鬥魚等，觀察孩子的態度與表現，再決定要不要讓他養寵物。

4、學習面對

不論人或動物，生老病死或生離死別都難免，不能躲過，不如好好面對。縱然萬般不捨不願意，還是得學著勇敢堅強。

5、好好告別

幫寵物送終，是一個學習告別生命的好機會，透過簡單而重視的儀式，留下彼此間永恆且美好的回憶。

藍天和白雲。

結語

美的存在意義與練習

美國詩人瑪雅曾說，「人們會忘記你說過的話，忘記你做過的事，但絕不會忘記你曾帶給他們的感覺」。美學所呈現出來的感覺，就是能給人深刻的印象。美的存在意義，不是表象華麗的衣著，而是真實融入的生活，在無形中就能顯露的美感知覺，若要擁有美麗的視野，請先打開心靈視窗。

美學培育從容的處世態度與溫敦的磁場。人都有情緒起伏，以美來釋放情緒壓力，柔化暴走，以堅韌內斂去應對人生旅途所遭遇的種種狀況，表現生命的泰然從容與淡定。想挖掘一個人的真性情，就看一場電影，聽一場音樂會，走一趟畫展吧，擁有美學的教養，能對應冷暖的變化，氣質也自然呈現。美讓人謙遜，讓人有品味，讓人擁有最好的自己。美是創新的底蘊，賈伯斯就說，「創新是決定成為領導者或跟隨者的關鍵」。創作力是未來發展的決勝關鍵，靠的是「美感」和「想像」兩大元素的撞擊。

生活在現代，藝術種類多元，有些甚至難以分門別類，跨領域者大有人在。對孩子來說，塗鴉是與生俱來的天賦，只是難免受到大人功利式的約制打擊，以致慢慢喪失信心，抹煞天生的興趣，甚至消磨創造力的開拓，即使畫的栩栩如生，彷彿照片一般，大概也很無趣味。

藝術美學可以化腐朽為神奇，一塊木材或石頭，經過歲月和人的巧手雕鑿，蛻變成藝術的精品。好比文藝復興時期米開朗基羅的「大衛像」，初時不也只是一塊毫不起眼的大理石，如今卻矗立在佛羅倫斯廣場，光芒閃耀。

美，不是矯情做作，附庸風雅，而是應該透過練習養成習慣，習慣成為自然，自然散發自信的魅力。美學的教養其實就是在養成人的藝術文化素養，藝術是文化的反射，文化是生活的印證，生活是美學的實踐。一個人只要用心生活，展現優質美感，每一個當下都是美麗的時刻。

美感日常

練習和孩子一起在生活中
找美、賞美、玩美、品味美！

作　　者 | 江清淵
選　　書 | 林小鈴
企劃編輯 | 蔡意琪

行銷企劃 | 洪沛澤
行銷經理 | 王維君
業務經理 | 羅越華
總 編 輯 | 林小鈴
發 行 人 | 何飛鵬
出　　版 | 新手父母出版・城邦文化事業股份有限公司
台北市中山區民生東路二段141號8樓
電話：02-2500-7008　　傳真：02-2502-7676
E-MAIL：bwp.service@cite.come.tw
發　　行 | 英屬蓋曼群島商家庭傳媒股份有限公司城邦分公司
台北市中山區民生東路二段141號11樓
書虫客服服務專線：02-2500-7718；02-2500-7719
24小時傳真專線：02-2500-1990；02-2500-1991
服務時間：週一至週五上午09:30～12:00；下午13:30～17:00
讀者服務信箱：service@readingclub.com.tw
劃撥帳號 | 19863813　戶名：書虫股份有限公司

香港發行 | 城邦（香港）出版集團有限公司
香港灣仔駱克道193號東超商業中心1樓
電話：852-2508-6231　　傳真：852-2578-9337
電郵：hkcite@biznetvigator.com
馬新發行 | 城邦（馬新）出版集團 Cite(M) Sdn. Bhd.
41, Jalan Radin Anum, Bandar Baru Sri Petaling,
57000 Kuala Lumpur, Malaysia.
電話：603-9057-8822　　傳真：603-9057-6622

內頁設計・排版 | 吳欣樺
封面設計 | 江澐濬
封面繪圖 | 江林澐
圖片與照片提供 | 江清淵、江澐濬、江林澐、江澐溱、江澐澂、林彥榮
製版印刷 | 科億印刷股份有限公司

初版 | 2017年12月26日
定價 | 499元
ISBN | 978-986-5752-58-3

國家圖書館出版品預行編目資料

美感日常：練習和孩子一起在生活中找美、賞美、玩美、品味美！／江清淵著. -- 初版. --臺北市：新手父母, 城邦文化出版：家庭傳媒城邦分公司發行, 2017.12

面；　公分

ISBN 978-986-5752-58-3（平裝）

1.親職教育　2.美育教學

528.2　　106006959

城邦讀書花園
www.cite.com.tw
Printed in Taiwan